失われたものを尋ね出して救うために

――ルカによる福音書より学ぶ

本郷武彦

目次

第三部

第四部

発行者のことば

二〇一六年六月に行われたイギリスのＥＵ離脱に関する国民投票の結果は、世界中に衝撃を与え、一時的に株価が世界的に下落するという結果を招きました。たった一つの国の決断が、わずか数時間で世界に影響を及ぼしたわけです。一方で、「ニューノーマル」という言葉に象徴されるように、リーマン・ショックや無差別テロなど、世界は予測できない変化が起こりうる時代に突入しています。世界がどこに向かっているのかわからない、いや、どこに向かっていくべきなのかもわからない、そんな不安要素は次から次へと大波のように押し寄せてきます。

解決は一体どこにあるのでしょうか。政治家や科学者や評論家に期待しても無駄であることは、誰もが心のどこかで気づいているはずです。根本的な問題は、社会のシステムにあるのではなく、人間そのものの中にあります。実は、人間個人の中に巣食う罪の問題が解消されない限り、光は見えてこないのです。今まさに人類は、真の「救い主」を求めて暗中模索しているかのようです。

本書は、今、世界が最も必要としている「救い主」を「ルカによる福音書」を通して私たちに指し示しています。キリスト教は「回復の宗教」とも呼ばれますが、失われた「神と人間の関係」「人と人の愛の関係」「神の子としての人間の尊厳」「人間の本当の故郷」（神の国）、これらを回復するために神が大きな犠牲を払って、そのひとり子イエス・キリストをこの世に送られたのだと教えています。特に「ルカによる福音書」は、本来救われるべき価値のないような罪人である私たち人間を心にかけ、私たちを決してお見捨てにならない神の憐みを証ししています。

著者は、二十年近きにわたって病院付き牧師（チャプレン）として弱い立場にある人々に寄り添ってこられました。人間を苦しめるものは、病気だけでなく、心の深いところで自分を責め立てる罪責感の痛みであるということを知っておられる著者は、聖書を通して、救いの望みを失った人々に語りかけられるキリストの御声を自ら聞き、チャプレンとして病気の人々に寄り添うように、静かに、そして誠実に、キリストのような憐みをもって筆を執っておられます。そして、イエス・キリストと当時の人々とのやり取りを通して、「救い主が必要なのは、まさにこの私だ」と読む者に語りかけてきます。まるで、著者がその現場にいて、それを見聞きしていたかのような説得力をもって――。

本書を通して解き明かされる救い主の愛に触れるとき、あなたもまた、自ら聖書を手に取って、「ルカによる福音書」そのものを深く味わいたいという思いへと導かれることでしょう。

二〇一六年八月

福音社編集長　花田憲彦

第一部

1　序言

流木の十字架

二〇一一年三月一一日は、今なお、私たち一人ひとりのこころの中に重く悲しく、いやしがたい傷と共に消し難い記憶として残されています。日本全国が深い悲しみの淵に沈んだ、あの東日本大震災です。未曾有《みぞう》と言われたこの大地震は、主に波高一〇メートル以上、最大遡上《そじょう》高四〇メートルにものぼる巨大津波による壊滅的な被害をもたらしました。田畑も家々も呑み込まれ、自然は破壊され、行方不明の方も含め、二万人に近い方々が犠牲となりました。愛する人々を失い、生活と故郷を奪われて、人々は悲しみのどん底に沈んだのです。

朝日新聞に、被災地の荒廃の中に流木を組んで立てられた十字架の写真が掲載され、「祈りよ、再び」と題されていました。気仙沼の全壊した教会の跡地に、牧師さん方が人々の「こころの慰め、癒しの場になれば」と立てた十字架だそうです。教会のホームページには、「流木の十字架」（朝日新聞掲載）の写真と共に、瓦礫の中に残る教会の礎石の写真があります。その礎石には「我が家はいのりの家である」との聖書のことばが刻まれています。人々はもう一度この見渡す限りの瓦礫の野に集まり、自らも傷ついた心身で慟哭《どうこく》と共に祈りを捧げ始めたといいます。

この悲しみの地にもう一度祈りが捧げられて、喪失の悲しみに沈む人々が慰めを得、いやしが与えられるように、また、神の支えと助けのうちに、この被災地に一日も早く復興の日が来るようにとの回復の救済を求める祈りです。

それはまた、人々がこの喪失が気づかせてくれたもう一つの喪失を思い、そこからの救出を求めて欲しいという祈りでもありました。そのもう一つの喪失とは、これまでの安住の裏に隠れていて忘れられていたもので、誰もが決して避けて通ることができない最も基本的で深刻な喪失である「死」そのものです。死は、自己自身と自己の命の喪失であって、それからの救出を求める祈りは、人間存在に最も深く根源的な「救い」を求めるものになります。


わたしたちの間に成就された出来事を、最初から親しく見た人々であって、御言に仕えた人々が伝えたとおり物語に書き連ねようと、多くの人が手を着けましたが、テオピロ閣下よ、わたしもすべての事を初めから詳しく調べていますので、ここに、それを順序正しく書きつづって、閣下に献じることにしました。すでにお聞きになっている事が確実であることを、これによって十分に知っていただきたいためであります。

（ルカ一の一〜四）

この世の絶望の地平で私たちはいろいろな次元で救済を求めています。生活や健康の領域、あるいは、事業上の問題などの中で、いろいろと政治・経済・社会的救済が求められています。そして、この世の絶望の先にやがては誰にでも襲って来る自分の死という現実があります。最も深い部分で人は、こうした冷厳たる現実からの存在の救いを切望しているのではないでしょうか。

キリスト教の正典である聖書は、人間の死の奥にその原因としての「罪」があることを語っています。それゆえ、私たちが存在において必要としている救いは「罪のゆるし」による「罪と死」からの根源的な救いです。

私たちがともに学ぼうとしているこの「ルカによる福音書」は、この根源的な救いを主題としています。この書の中には、救いについてのキリスト教のメッセージがよく表されています。これを読みながら、この救いについて、救いの必要、救いの本質、救いの方法、救いの現実などにつき、ご一緒に考えていくことができたらと願っています。

福音書

「ルカによる福音書」とは、ルカによって書かれた「福音書」のことです。福音書とは一つの書物のジャンルで、これには特別な意味が込められています。「福音」はギリシャ語で「ユーアンゲリオン」と言い、「良い知らせ」という意味です。古代の世界では、戦場から届けられた「わが軍勝てり！」というこおどりするような「良い知らせ」です。その勝利の知らせは、滅びに瀕する町にとって滅亡からの救いを意味したのです。

ルカはキリスト（ギリシャ語で「救世主メシヤ」のこと）と呼ばれたイエスのことを、この「福音」として語ろうとしています。イエスは、罪のゆえに滅びの死に定められ、そこから絶対に脱出できない人類に、思いがけず、罪のゆるしによる救いを提供する、こおどりするような「良い知らせ」をもたらすお方であるからです。

こうして福音としてイエスを語るこの書は、全体のほとんどがイエスが公的に「救い主」として身を現された三年半の出来事の記録であって、通常の伝記ではありません。なお、新約聖書には、ルカのほかに、三つの別の福音書があります。マタイ、マルコ、ヨハネによるものです。

著者ルカ

「ルカによる福音書」の著者ルカは、その名前からもユダヤ人以外の外国人、いわゆる異邦人であることがわかります。ルカは、キリスト教の伝道や、教会、神学の形成で重要な役割を果たした使徒パウロの同伴者、あるいは弟子であり、パウロが殉教したローマでも彼とともにいた人です。彼はパウロの手紙の中で「愛する医者」(コロサイ四の一四)と呼ばれています。

パウロは、人が神に受け入れられて救われる(キリスト教用語で「義とされる」)のはいろいろな修行や儀式を行うことによるのではなく、キリストを信じる信仰によるのだということを説きました。それがキリスト教の中心的な教え、「信仰義認」(信仰によってのみ義とされる)の教えです。パウロはこれを「福音」と呼びました。パウロといつも共にいてその福音の本質をよく理解していたルカは、それを、救いを人類にもたらした「救い主」の物語として、「救いの出来事」に即して語ろうとするのです。

「テオピロ閣下よ」

ルカは福音書をテオピロという人に宛てています。彼は「閣下」と呼ばれています。おそらく身分の高いローマの高官であったと思われますが、書いたものを高名の人に献じるということは当時よくあったことでした。ルカはその優れた医者としての技術のゆえに解放されたテオピロの奴隷であったのではないかという説もあります。神を畏れる異邦の高官であるテオピロを通し、あるいはそうした高層の人々を通して、ギリシャ語の異邦人世界に福音を伝えようとしたと言われます。

成就された出来事

ルカは、救いを宣べ伝えるのに、彼の時代にユダヤの地で生まれ、成人し、人々を教え、当局に棄てられ、十字架で処刑され、復活したというイエスの「出来事」を語ろうとしています。キリスト教の救いは、十字架・復活に収斂《しゅうれん》する歴史上のこの出来事の中で、この出来事に基づいて、それを受け取る者に与えられているというものです。それは、論理や瞑想の悟りのような観念にあるのではなく、また人間の諸行の達成にあるのでもなく、世界に起こったこの「出来事」にあります。これはキリスト教の救いの特質です。

ルカはまた、それは「成就された出来事」であると言います。その出来事は、神の計画と約束の成就として起こったものであるというのです。イエス以前の聖書、旧約聖書に、やがてイスラエルを救うメシヤが現れると書かれていますが、その約束には、抑圧されたイスラエルの民の国家的社会的救いという直接的表現のもとに、その奥には人間個人の負う罪と死の抑圧からの救いが、今まで考えてきたような、もっと根源的な人間の存在の救いが語られていました。ルカは、その約束の成就としてイエスの出来事を証言するのです。

御言《みことば》に仕えた人々

ルカはテオピロに、この物語の書を献じようとするとき、信ずべき歴史記述として非常に重要な条件について細かく言及しています。それは自分の書くところのものは実際にイエスの言行を見聞きし、その出来事に直に接した「目撃者の証言」に基づいているということです。ルカ自身はイエスと会ったことはありませんが、直接イエスと会い、その出来事を目撃した人々の中に、その言行を「福音」の部分として語り伝えた人々がいました。ルカが言う「御言に仕えた人々」とは、そのような「語り部」のような人だったと言われます。この伝えられたものが「口伝」でしたが、次第にそうしたものを文字に残し、まとまった物語に編集しようとするいろいろな試みがなされていました。

ルカは、そうしたものを初めから詳しく調べたと言います。ルカはすでに書かれていた「マルコによる福音書」や、マタイが「マタイによる福音書」を書くにあたって使用したと考えられる仮説上のQ資料など、それにルカ自身が調べて集めた独自の多くの資料を用いて、彼がもう一つ書かなければならないと考えたこの「ルカによる福音書」を書いたのです。

順序正しく書き綴って

こうして調べた資料を「順序正しく」書き綴ろうとしたと言っています。ただこの順序正しくとは、厳密に時間的な順序というよりも、もっと深く神学的にも文学的にも熟考された意味的順序であって、それが、ルカという著者の手によって、聖霊の導きのもとに、辿られているのです。

テオピロは、当時すでに福音のことばを聞いていたはずです。おそらく、それを信じて、信徒になっていただろうと思われます。ルカがこれを書いたのは、彼を通して異邦の人も含めたすべての人々に、この救いの福音の出来事を正確に、間違いなく、伝えて、その信仰に対する確信を与え、その理解を深めるためでした。「ルカによる福音書」は、普遍的に全人類、すべての人に語られた「福音のことば」と言うことができるでしょう。

2　先駆者ヨハネ

「楽園喪失」

イギリスの一七世紀の詩人ジョン・ミルトンの代表作に、有名な「楽園喪失」という壮大な叙事詩があります。その冒頭は次のように書き出しています。

人の最初《いやさき》の不従順《そむき》よ、また禁断の
樹の果《み》よ――
その致命の味《あぢはひ》ゆゑに
死ともろもろの禍ひとは世に入り
エデンは失せた、ひとりのいやまさる人
われらを癒し、祝福《めぐみ》の座を回復《かへ》すまで――①

「楽園喪失」は「楽園を失う」というテーマを描くものですが、「楽園」とは聖書に出てくる「エデンの園」のことです。聖書には先に述べたように、死という現実の根本原因として「罪」があることが語られていますが、神に創られた人間がその罪を犯して、その楽園から追放されるということが書かれているわけです。楽園を失い、楽園にあった祝福のすべてを失うという悲しい出来事でした。こうして人間が罪に堕ち、罪人になることを「堕罪」と呼んでいます。

前述のように、「ルカによる福音書」は、すべての人間に「救い」をもたらす「救い主」を語ろうとするものです。その救いの背景にその必要として横たわるのが、この人間の堕罪による楽園喪失の現実です。永遠に生きる者として創られた人間は「死ぬ者」となりました。こころは生きる意味を失ってむなしくなり、愛や喜び、平和や充足を失います。その根底で失われているのは「自分自身」です。こうして「失われた人」は、自ら回復する力も資格も失って、いのちへの希望を一切絶たれた絶望の状況にあります。

こうした状況へ思いがけなく、救いの約束が告げられるのです。「いのちの回復」への希望です。救い主はこうして失われた人のもとに、天から降りて来られます。ルカは、この約束の成就として到来した救い主の物語を、「福音」として、こおどりするような良い知らせとして語ろうとするのです。

聖所にて

ユダヤの王ヘロデの世に、アビヤの組の祭司で名をザカリヤという者がいた。その妻はアロン家の娘のひとりで、名をエリサベツといった。……ところが、エリサベツは不妊の女であったため、彼らには子がなく、そしてふたりともすでに年老いていた。さてザカリヤは、その組が当番になり神のみまえに祭司の務をしていたとき、祭司職の慣例に従ってくじを引いたところ、主の聖所にはいって香をたくことになった。香をたいている間、多くの民衆はみな外で祈っていた。　（ルカ一の五〜一〇）

ルカはこの約束された「救い主」の物語を始めるときに、その誕生に先駆けて道備えをすることになる一人の預言者の誕生のことを語り出します。そしてその出来事の起こる場所を「聖所」に置いています。

聖所とは、そこにおいて動物の犠牲が捧げられ、その血によって民の罪がゆるされるようにイスラエルの社会的宗教的生活の中心に置かれていた宗教施設でした。そこでの犠牲によって人々は神の前に罪をゆるされ、平安をもって歩むことができました。そして、聖所での儀式という特別の務めを執り行う人が「祭司」でした。

やがて来る救い主の提供する救いは、社会的・政治的救いという皮相的救いではなく、もっと存在に根源的な罪とそれゆえの死からの救いです。聖所で罪を覆い、ゆるす務めは「贖罪」と呼ばれましたが、ルカは救い主を本質的に「贖罪主」として描こうとしているのです。

その聖所で一人の年老いた祭司がその務めを行います。名をザカリヤといい、妻の名はエリサベツでした。彼女は不妊の女性で、同じように年老いていました。このふたりから先駆けとなる預言者が生まれるのですが、その誕生は全くの奇跡によることをルカは述べようとするのです。

「その名はヨハネ」

するとと主の御使が現れて、香壇の右に立った。ザカリヤはこれを見て、おじ惑い、恐怖の念に襲われた。そこで御使が彼に言った、「恐れるな、ザカリヤよ、……あなたの妻エリサベツは男の子を産むであろう。その子をヨハネと名づけなさい。……彼は主のみまえに大いなる者となり、……イスラエルの多くの子らを、主なる彼らの神に立ち帰らせるであろう。彼はエリヤの霊と力とをもって、みまえに先立って行き、……整えられた民を主に備えるであろう」
（ルカ一の一一〜一七）

聖所の中で現れたみ使いはザカリヤに男の子の誕生を予告し、その名を「ヨハネ」とつけなさいと命じます。当然ザカリヤは老人である夫婦にそんなことがあるはずはありませんと答えます。すると、み使いは言いました、「わたしは神のみまえに立つガブリエルであって、この喜ばしい知らせをあなたに語り伝えるために、つかわされたものである。時が来れば成就するわたしの言葉を信じなかったから、あなたは口がきけなくなり、この事の起る日まで、ものが言えなくなる」（ルカ一の一九、二〇）

妻エリサベツはみ使いの言ったとおり妊娠します。そして月満ちて息子が誕生するのです。その時、人々は名前を何にしましょうかと尋ねると、「ザカリヤは書板を持ってこさせて、それに『その名はヨハネ』と書いたので、みんなの者は不思議に思った。すると、立ちどころにザカリヤの口が開けて舌がゆるみ、語り出して神をほめたたえた」（ルカ一の六三、六四）とあります。

こうして生まれた人が、やがて続いて誕生することになる救い主イエスの先駆けとなって、その働きに人々を備えさせる預言者「バプテスマのヨハネ」です。バプテスマとは、彼が、罪の悔い改めのしるしとして人々に授けた水に身を沈める儀式のことです。

ザカリヤの賛歌

口が開かれたザカリヤは、後世、「ベネディクトス・ドミヌス・デウス」という有名な賛歌として知られる歌を歌います。

「主なるイスラエルの神は、ほむべきかな。神はその民を顧みてこれをあがない、わたしたちのために救の角を／僕《しもべ》ダビデの家にお立てになった。……幼な子よ、あなたは、いと高き者の預言者と呼ばれるであろう。主のみまえに先立って行き、その道を備え、罪のゆるしによる救を／その民に知らせるのであるから。これはわたしたちの神のあわれみ深いみこころによる。また、そのあわれみによって、日の光が上からわたしたちに臨み、暗黒と死の陰とに住む者を照し、わたしたちの足を平和の道へ導

くであろう」　　　　　　　　　　（ルカ一の六八～七九）

ザカリヤは、このヨハネが先立って道備えをする救い主の使命を「罪のゆるしによる救い」であると的確に述べています。それによって「暗黒と死の陰とに住む」人間が救われて「平和」を得ることであると、救いの経験を語っています。そしてその救いの源泉にある「神の憐れみ」を高らかに讃えているのです。

幼子の福音書

ルカが「福音書」の一章、二章に書くのは、このヨハネの誕生と、それに続くイエスの誕生です。これは「幼子の福音書」とも呼ばれます。このふたりの誕生が全くの奇跡によるほかはなかったことが明らかだからです。ヨハネの場合は、その母エリサベツは年老いた不妊の女性であり、イエスの場合は、続いてなされるみ使いによる受胎告知（二八ページ）に見るように、母となるマリアは処女であったからです。これが福音であると言われるのは、人間の救いのために生まれる救い主とその先駆けの人の誕生自体が、人間には全く不可能なことであり、ただ神の憐れみによる懐胎によるからです。

そして、このふたりの子につけられた名前は非常に意味深く、この救い主のもたらす救いの本質を表しています。「ヨハネ」という名は、み使いが指示した名前でした。そして、それに続く「イエス」の名前も、「見よ、あなたはみごもって男の子を産むでしょう。その子をイエスと名づけなさい」(ルカ一の三一)とあるように、み使いの指示によるものです。

ヨハネという名は「神は恵み深い」という意味です。イエスの名は「神は救いである」という意味ですが、人間の救いはただ神の「恵み」、「憐れみ」から生まれてきます。そしてそれにのみ基づくものです。堕罪により失われた人は、その罪のゆるしの恵みによってのみ回復され、救われるのです。

ヨハネとイエスの誕生によって、人類の歴史に決定的に新しい世が訪れてきます。それはふたりの名前に表された「恵みの世」であり、それに基づくところの「救いの世」でした。

3　イエスの誕生

救いの喜びにねむれずに

ルカが描こうとする「救い」とその喜びを思うとき、一人の人のことがこころに浮かびます。「瞬《まばた》きの詩人」水野源三さんです。水野さんは小学生のころ集団赤痢にかかり、高熱のため脳膜炎を患い、全身麻痺で、身の自由を失いました。身をのろって死にたいと口走っていた口も利けなくなり、横たわるばかりの身になりました。

ある牧師が置いていった黒表紙の聖書をこたつの上に立てかけ、母親にページをめくってもらいながら読んでいきました。源三さんは渇いていました。必死で求めていた生きるためのいのちの水がそのこころに注がれました。源三少年の暗い顔は日増しに明るくなり、それまでの投げやりな態度が一変しました。翌年の冬に洗礼を受けた源三さんは五十音表と瞬きで詩を作り、救いの喜びを伝えていきます。「秋」という詩です。

リンゴ実る秋に身体が不自由になり
コスモスの花が咲くころに
初めてイエス様の話を聞き
聖書を読み
コオロギがなく夜に
救いの喜びに　ねむれずにいた②

受胎告知

ルカは、いよいよ「救い主」の誕生について書き出します。先に述べたヨハネの誕生の告知から六か月後に、天使ガブリエルは、ガリラヤのナザレの町に住む貧しい家の乙女マリヤに驚くべき知らせを告げます。有名な受胎告知です。

御使がマリヤのところにきて言った、「恵まれた女よ、おめでとう、主があなたと共におられます」。この言葉にマリヤはひどく胸騒ぎがして、このあいさつはなんの事であろうかと、思いめぐらしていた。すると御使が言った、「恐れるな、マリヤよ、あなたは神から恵みをいただいているのです。見よ、あなたはみごもって男の子を産むでしょう。その子をイエスと名づけなさい。彼は大いなる者となり、いと高き者の子と、となえられるでしょう。……

そこでマリヤは御使に言った、「どうして、そんな事があり得ましょうか。わたしにはまだ夫がありませんのに」。御使が答えて言った、「聖霊があなたに臨み、いと高き者の力があなたをおおうでしょう。それゆえに、生れ出る子は聖なるものであり、神の子と、となえられるでしょう。……神には、なんでもできないことはありません」。そこでマリヤが言った、「わたしは主のはしためです。お言葉どおりこの身に成りますように」

（ルカ一の二八～三八）

「おめでとう、マリヤ」、ラテン語で「アヴェ・マリア」、このことばは有名な歌曲や祈りにも使われていますが、受けるに値しない失われた者に神から差し出されてくる回復の恵みの訪れを秘めた、その「救い主」を産むことになるマリヤへの思いがけない挨拶です。「喜びなさい」とも訳せることばですが、その理由は「神が共におられる」からです。

なんという驚きの思いがけないみ使いの訪れだったことでしょうか。圧倒されておののくマリヤに思いも寄らぬ、またありうべからざることが告げられるのです。「あなたは約束の救い主、神の子の母となります」と。わたしは貧しい全く無きに等しい女です。それに、結婚もしていません。どうしてそんなことがあるでしょうか。み使いは「神にはなんでもできないことはない」と答えます。マリヤは思いを無限に超えた恵みのみこころに身をゆだねつつ、神よりの聖なる務めを引き受けるのです。

神にはできないことはない、この自然を超えたみ力への言及の中に救わるべからざる者を救うという恵みの奥義が語られています。「主は恵み深い」というヨハネの誕生告知に続いて、「主は救いである」というイエスの誕生が、こうして、処女懐胎という恵みの奇跡そのものに告知されているのです。

そののちマリヤの歌った「マリヤの賛歌」は慰めに満ちています。「わたしの魂は主をあがめ、わたしの霊は救主なる神をたたえます。この卑しい女をさえ、心にかけてくださいました。……主は、あわれみをお忘れにならず、その僕イスラエルを助けてくださいました」(ルカ一の四六〜五四)

「ルカによる福音書」は本来的に「失われた人」に向けて語られています。ルカの描く救いの神のまなざしは、常に、貧しく、弱く、餓えている人々に向けられています。神は、救われる価値のない者にこそこころにかけ、お救いになります。聖書の救いの源泉には、神の「お忘れにならない憐れみ」があるのです。マリヤは深くその「憐れみ」に捉えられています。

アウグスト

そのころ、全世界の人口調査をせよとの勅令が、皇帝アウグストから出た。……人々はみな登録をするために、それぞれ自分の町へ帰って行った。ヨセフもダビデの家系であり、またその血統であったので、ガリラヤの町ナザレを出て、ユダヤのベツレヘムというダビデの町へ上って行った。それは、すでに身重になっていたいいなづけの妻マリヤと共に、登録をするためであった。ところが、彼らがベツレヘムに滞在している間に、マリヤは月が満ちて、初子を産み、布にくるんで、飼葉おけの中に寝かせた。客間には彼らのいる余地がなかったからである。

（ルカ二の一～七）

ローマの社会は文化・道徳的にも頽廃《たいはい》の極みにあって救い主を必要としていたと言われます。宮廷詩人ヴェルギリウスは、一人の少年の誕生を運命の女神に歌わせています。「紡錘《つむ》よ、廻れ、偉大なる時代は来らん」③。そうした世に生まれ、軍事力によって世界を平定し、「ローマの平和」(パックス・ロマーナ/ラテン語)を築いたのが初代皇帝アウグストで、人々は彼を救い主と呼びました。

彼は徴税のためにそれぞれの家系の町で登録をするようにという人口調査の勅令を出します。ヨセフとマリヤはナザレの住人でしたが、ともにダビデ王の家系に属していたので、ダビデの町ベツレヘムへ行くことになります。ベツレヘムは聖書に救い主誕生の地として預言されていました。ルカは、非常に意味深く、世人に救い主と称されたこの皇帝の手によって、神からの「まことの救い主」の誕生が聖書に記されるとおりに用意されたことを語っているのです。

ふたりがベツレヘムに着くと、そこではすでに大勢の人々で宿屋は占領されていました。当時の宿屋は中庭を取り巻く二階建で客室は二階にあり、一階や後部の岩の横穴などに家畜やその世話をする僕たちが横たわって寝ていたと考えられています。そうした暗い家畜部屋にふたりは宿をあてがわれます。そして、その低く貧しく僕の横たわるところで、神のみ子はお生まれになるのです。何の飾りも奇跡もなく、家畜の鳴き声やまぐさを食む音、そのにおいの中で男子が生まれ、布にくるんで、飼葉おけの中に寝かされました。ルカは、まことの救い主は実にこのローマの辺境の地の暗い家畜小屋で、誰にもあがめられることなく、静かに生まれたと語っています。

ベツレヘムの野で

その夜、人々が寝静まっているころ、ベツレヘムの野に野宿して羊の番をしていた羊飼いたちがいました。貧しく社会の下層に生きる人々を代表するような羊飼いです。そこに天よりのみ使いが現れて、この「喜びの良き訪れ」を告げます。

「恐れるな。見よ、すべての民に与えられる大きな喜びを、あなたがたに伝える。きょうダビデの町に、あなたがたのために救主がお生れになった。このかたこそ主なるキリストである。あなたがたは、幼な子が布にくるまって飼葉おけの中に寝かしてあるのを見るであろう。それが、あなたがたに与えられるしるしである」。するとたちまち、おびただしい天の軍勢が現れ、御使と一緒になって神をさんびして言った、「いと高きところでは、神に栄光があるように、地の上では、み心にかなう人々に平和があるように」

（ルカ二の一〇～一四）

「大きな喜びを伝える」は、原語では、大きな喜びの「福音」を伝えるとなっています。待望された救い主の誕生の良い知らせで、その名は「キリスト」と呼ばれています。

そして静かな夜空に天からの賛美が響いてきます。「いと高きところでは、神に栄光があるように、地の上では、み心にかなう人々に平和があるように」。栄光とは失われた人々を救うために低く地に降りて来られた恵みの神の栄光であり、みこころにかなう人々とは、神のおこころが向けられている人々、その神の憐れみを受け取ることのできるほど弱く、へりくだった人々のことです。

み使いが歌った平和は、アウグストのローマの平和のようにやがて朽ちていく皮相的なものではありません。それは罪に苦しみ、死と悲しみに打ちひしがれ、倒れている人々のこころに天から届けられて来るのです。

4 「神の子」イエス

「まことの如来」

ルカの描く「救い主」イエスの物語は、天より降りてこられた「神の子」の物語です。そのことを思うときにこころに浮かぶのは、『仏教からキリストへ』という本の著者、亀谷凌雲牧師のことばです。

師は富山の寺の長男として生まれ、東大哲学科を出て、教師をしたあとに寺の住職になりますが、そのこころを悩ましていたのはこころの救いの問題でした。師は阿弥陀如来に救いを求めましたが、キリストに出会って、唯一、彼にこそ救いはあることを信じ、牧師になるのです。「私の求めていたのは眞の如来である。……その名の如く眞実に眞如より私共のところにまで来たり生まれて下さる如来にあいたかったのだ。……私はキリストに来たって、久しく求めに求めていた眞実の如来に見えまつり得たのであった」④

メシヤ

神は罪に堕ちた人類を救うために救い主を送るという約束を聖書の中にいろいろな形で示しておられます。そしてその救い主は旧約聖書の中で「メシヤ／ヘブライ語」と呼ばれています。メシヤとは「油注がれた者」という意味で、救い主として神が特別に任命された者を表す呼称です。前に述べたように、イエスの誕生の時にみ使いは、彼をメシヤのギリシャ語訳である「キリスト」と呼んでいます。

聖書の中には、その随所に救い主メシヤがどのようにして、どのような時に、どのようなものとして現れるかということが語られていて、メシヤ預言と言われています。また、やがて来られるメシヤについては、そうした直接のことばだけではなく、いろいろな形で語られているのです。というより、旧約聖書全体が、実は、その救い主の到来に向けて書かれていると言ってもいいでしょう。イスラエル社会の中心にあった宗教的犠牲制度はそのまま救い主の存在と働きの予型、ひな型でしたし、社会の仕組みや、歴史上の人物なども救い主の予型として用いられています。

一二歳の少年イエス

処女懐胎の受胎告知で、「生れ出る子は聖なるものであり、神の子と、となえられるでしょう」（ルカ一の三五）と言われたイエスがベツレヘムの家畜小屋で生まれてから一二年の歳月が流れました。ユダヤには過越の祭りという大きな例祭が毎年四月にありました。イエスの両親は、その祭のために毎年神殿のあるエルサレムに上っていましたが、この年は、一二歳になったイエスを連れて行きました。祭りが終わって帰途についたのですが、両親は帰る一団の中にイエスがいないのに気づき、エルサレムに戻って懸命になって捜し回り、やっと神殿の中で教師たちと一緒にいる少年イエスを見つけたのです。

そして三日の後に、イエスが宮の中で教師たちのまん中にすわって、彼らの話を聞いたり質問したりしておられるのを見つけた。聞く人々はみな、イエスの賢さやその答に驚嘆していた。両親はこれを見て驚き、そして母が彼に言った、「どうしてこんな事をしてくれたのです。ごらんなさい、おとう様もわたしも心配して、あなたを捜していたのです」。するとイエスは言われた、「どうしてお捜しになったのですか。わたし

が自分の父の家にいるはずのことを、ご存じなかったのですか」（ルカ二の四六〜四九）

イエスが母に答えられた「わたしが自分の父の家にいるはずのことをご存じなかったのですか」との不思議なことばは母マリヤのこころに残りました。この少年のこころに、人間の理解を超えた「人となられた神」の意識がすでに胚胎していたことを物語るものです。

バプテスマのヨハネ

皇帝テベリオ在位の第十五年、ポンテオ・ピラトがユダヤの総督、ヘロデがガリラヤの領主、その兄弟ピリポがイツリヤ・テラコニテ地方の領主、ルサニヤがアビレネの領主、アンナスとカヤパとが大祭司であったとき、神の言が荒野でザカリヤの子ヨハネに臨んだ。彼はヨルダンのほとりの全地方に行って、罪のゆるしを得させる悔改めのバプテスマを宣べ伝えた。それは、預言者イザヤの言葉の書に書いてあるとおりである。すなわち「荒野で呼ばわる者の声がする、『主の道を備えよ、その道筋をまっすぐにせよ』」（ルカ三の一〜四）

まず、メシヤ預言にあるように、救い主の到来の道備えをする先駆者、その誕生がみ使いによって予告されたゼカリヤの子ヨハネが、ユダヤの荒野に現れます。彼の教えは、悔い改めてすぐおいでになるメシヤから「罪のゆるし」を受けなさいというものでした。その悔い改めのしるしとして水の中に古い自分を沈めるバプテスマ（沈めの意で洗礼のこと）の儀式を授けたので、彼はバプテスマのヨハネと言われました。

ユダヤ人はユダヤ教に回心する異邦人にバプテスマを受けさせましたが、ヨハネは自らを義《ただ》しいとするユダヤ人にそれを求めたのです。ヨハネは頑迷なユダヤ人の自己を義とする姿を徹底的に打ち砕きます。彼は厳しく彼らの罪深きを断罪します。「まむしの子らよ、迫ってきている神の怒りから、のがれられると、だれが教えたのか」（ルカ三の七）。すべての人が神の前に「我深く罪あり」と告白し、救い主の提供する罪のゆるしの絶対的必要に目覚めること、これが救い主の道備えのすべてでした。

イエスのバプテスマ

さて、民衆がみなバプテスマを受けたとき、イエスもバプテスマを受けて祈っておられると、天が開けて、聖霊がはとのような姿をとってイエスの上に下り、そして天から声がした、「あなたはわたしの愛する子、わたしの心にかなう者である」。イエスが宣教をはじめられたのは、年およそ三十歳の時であって、人々の考えによれば、ヨセフの子であった。

（ルカ三の二二～二三）

ルカは、「年およそ三〇歳の時」として、イエスの救い主として世に出る公の登場を、詳細な歴史記述のもとに描き出すのです。ルカの記述によれば、その時は紀元二七年であったと考えられています。

イエスは、両親の町ナザレで父親の大工の仕事を受け継いでいました。バプテスマのヨハネの登場のことが伝えられると、イエスはご自分が世に出る時が来たことを知り、ヨハネがバプテスマを授けていたヨルダン川に来られます。そして、ご自身悔い改めを必要としないのに、ヨハネからバプテスマを受けられます。この行為自体に、実は、連帯して自らを罪人と一つとされる救い主の本質的な姿が隠されていました。

わたしの愛する子

この天から語られてきたことばは、先に述べたメシヤ預言に関連して語られているものです。最初の「わたしの愛する子」は、詩篇二篇とつながりがあります。その中でメシヤは「おまえはわたしの子だ」(詩篇二の七)と神より呼ばれています。さらにすべての支配者は「その足(新改訳聖書では「御子」)に口づけせよ」(詩篇二の一二)と命じられています。

この詩篇は、メシヤはこの世を真に統治する者であり、「神の子」であるという預言です。「神の国」と言われる新しいメシヤの国においては、この世の悪にまみれた高慢な支配者はその前にひれ伏し、メシヤの真実な、義なる統治が始まると語っています。

この神の子は、ギリシャ神話の神々のようなものではありません。ヘブライ宗教における聖書の神は、有限な人間と本質において隔絶する無限の絶対者です。神は天地万有の創造者であり、いのちの根源である方、すべてがこの方にあって存在し、維持されています。神の子とは、その神と本質を同じくする方を称しているのです。

天からの声は、こうしてイエスを神の子であると証言します。これは、実に、人の理解を超えた最も深い奥義の宣言です。無限の神が有限な人間と一つになり、永遠なる方が時間の中に入ってこられました。聖にして義なる方が不義なる人間の存在にまで、身を低くして降りてこられました。

わたしの心にかなう者

天からの声のもう一つ、「わたしの心にかなう者」という句は、やはり、預言者イザヤが語った一連の「主のしもべ」と言われるメシヤ預言の一つで、メシヤはどのようにその使命を果たしていくかを語っています。

わたしの支持するわがしもべ、わたしの喜ぶわが選び人を見よ。わたしはわが霊を彼に与えた。彼はもろもろの国びとに道をしめす。彼は叫ぶことなく、声をあげることなく、その声をちまたに聞えさせず、また傷ついた葦を折ることなく、ほのぐらい灯心を消すことなく、真実をもって道をしめす。彼は衰えず、落胆せず、ついに道を地に確立する。海沿いの国々はその教を待ち望む。（イザヤ四二の一～四）

それによるとメシヤは、一般の予測、特にイスラエルの民の期待のような、大いなる力をもって諸国を打ち破り、イスラエルを他国の支配から救う者では決してなく、柔和で穏和な方であり、人の弱さにそっと寄り添って力づけ、支えられます。彼は人々を生かし、救い、歩むべき真実の道を教えられます。全世界の人々が彼の教えを待ち望むのです。このイザヤの主のしもべは「苦難のしもべ」です。イザヤ書五三章では、彼は自ら人々の罪を負って打ち叩かれ、傷つけられ、罪人の身代わりに死に渡されていきます。

「しかし彼はわれわれのとがのために傷つけられ、われわれの不義のために砕かれたのだ。彼はみずから懲らしめをうけて、われわれに平安を与え、その打たれた傷によって、われわれはいやされたのだ」
（イザヤ五三の五）

ルカは、こうして救い主の公生涯を始めます。このイエスのバプテスマの姿に、罪人なる人間衆生のもとに降りてこられた神の姿を見ます。人間となられた神、亀谷凌雲師が「眞の如来」と見られた方、「神の子」イエスです。この救い主の進んで行かれる道は、救いのための死に至る苦難の道です。ルカは、そのことを常に念頭に置いて、その物語を語っていくのです。

5　荒野の誘惑

楽園回復

先に述べたように、近世イギリスの詩人ジョン・ミルトンは、聖書の初めに書かれているアダムとエバがエデンの園での誘惑に負けて永遠のいのちと祝福を失ったという物語をテーマにして、「楽園喪失」という叙事詩を書きました。そのミルトンは、「救世主」によるいのちと祝福の楽園の回復を描くもう一つの叙事詩「楽園回復」を書いていますが、新約聖書にある、イエスが荒野において大きな誘惑に勝利されたという出来事をテーマにしているのは興味深いことです。

われらが救世主は、眉ひとつ動かさず答え給う。
われ、なんじのもくろみを知れど、なんじの来たるを
求めもせず、拒みもせじ。天より許しあるごとくにせよ。
そのほかは、かなわじ⑤

荒野の誘惑

さて、イエスは聖霊に満ちてヨルダン川から帰り、荒野を四十日のあいだ御霊にひきまわされて、悪魔の試みにあわれた。　　(ルカ四の一、二)

ルカは、ヨルダン川でバプテスマを受けたイエスは、聖霊に満たされて荒野(エリコ西方の不毛地帯と言い伝えられる)に行かれたと書いています。そこでイエスは四〇日の間、断食をされました。これから歩み行くべき「苦難の道」を静かに思い巡らし、瞑想と祈りによって、こころの準備をするためでした。

断食の日数が尽きて、イエスが空腹になられたときに、「悪魔」が現れてイエスに語りかけてきたとルカは語っています。悪魔とは、「訴えるもの」「敵」というヘブライ語「サタン」の日本語訳です。聖書が語る悪魔は、よく西洋中世の戯画に出て来るような角の生えた漫画的なものではもちろんなく、また悪の擬人的表現などでもなく、神に造られた最高位の知的存在者で、創造者に逆らい、地に追放された堕落天使のことです。

ここに人類の救いの運命がかかっています。人間の身代わりとなるべく、弱くもろい人間と一つとなられた「神の子」イエスが悪魔に誘惑されるという場面です。これは人間の理解を超えていることですが、イエスは神の子であると同時に、まぎれもなく弱き人間でした。

ですから、神の子であるということを疑うように誘なわれ、また、身代わりの死に向かう苦難の道を回避し、別の方法で救い主になるようにと誘惑されます。神の子であることへの疑念の表明は不信の罪になり、イエスは身代わりの救い主にはなり得なくなります。また、苦難の道以外には代償の死による罪のゆるしの救いはありません。悪魔の誘惑の目的は、イエスが罪に堕ちた人類の救い主になることをどうしても妨げようとするものでした。悪魔は人類の文字どおり敵であるものです。

パンに変えてごらんなさい

そのあいだ何も食べず、その日数がつきると、空腹になられた。そこで悪魔が言った、「もしあなたが神の子であるなら、この石に、パンになれと命じてごらんなさい」。イエスは答えて言われた、「『人はパンだけで生きるものではない』と書いてある」

（ルカ四の二〜四）

断食のすえにイエスの体力は尽き、非常な空腹に襲われました。そこに悪魔が現れます。彼は、すぐ前に転がっている丸いパンのような石を指差しながら、「もしあなたが神の子であるなら、この石に、パンになれと命じてごらんなさい」と語りかけました。つい先日、バプテスマの時に受けた「あなたはわたしの子」という天からの証言に疑念を起こさせる言い方です。パンに変えよとの誘いは空腹のイエスに強烈でした。「神の子」であればできることであり、また、それをしたらその証明になるのです。しかし、誘惑者の言うとおりにすれば、彼が投げかけた疑念を受け取ったことになります。それはいささかであっても不信の表明にほかなりません。

イエスは答えられます。「『人はパンだけで生きるものではない』と書いてある」。これは、旧約聖書（申命記八の三）にあることばです。「人はパンだけでは生きず、……主の口から出るすべてのことばによって生きることをあなたに知らせるためであった」。神はイスラエルの民をエジプトから脱出させるのですが、荒野を通らせて、苦しみと飢えを経験させられます。そして天からマナというものを降らせて養われたと書いてあります。

人間には、パン、そのほか、衣食住の必要を満たすものが必要です。しかし、人間にとって本当に必要なものは、自分を生かしておられる神を知り、その神に信頼し、そのことばに生きることです。イエスは、神のことばから離れて自分でパンを得る意思がないこと、また、パンを求める民の要求に奇跡をもって応えて、そうした物質的必要を満たす社会的救い主となる意思もないことを示されたのです。

国々の権威と栄華をあげよう

それから、悪魔はイエスを高い所へ連れて行き、またたくまに世界のすべての国々を見せて言った、「これらの国々の権威と栄華とをみんな、あなたにあげましょう。それらはわたしに任せられていて、だれでも好きな人にあげてよいのですから。それで、もしあなたがわたしの前にひざまずくなら、これを全部あなたのものにしてあげましょう」。イエスは答えて言われた、「『主なるあなたの神を拝し、ただ神にのみ仕えよ』と書いてある」（ルカ四の五～八）

悪魔の約束する「国々の権威や栄華」が誘惑となったのは、イエスご自身がそうしたものを欲しいと思われたからではなく、救い主メシヤはイスラエルに主権を取り戻し、栄華を回復させるというイスラエルの民の救い主への期待に関わっていたからです。誘惑者は、イエスがその民の期待に応えて、彼らのいわゆる政治的救世主になるようにと誘ったのです。

提案された道は、「苦難のしもべ」としてのメシヤの使命にそぐわないものでした。それは十字架を除くものです。イエスはいささかもその声に動かされることはありません。最後の最後まで、十字架に釘づけられる堪え難い痛みの極みまで、イエスは進んで行こうとされます。

「私の前にひざまずきさえしたら」と言う悪魔に対して、イエスの答えははっきりしていました。ただ「神にのみ仕えるべきである」と。

宮の頂上から飛び降りてごらんなさい

それから悪魔はイエスをエルサレムに連れて行き、宮の頂上に立たせて言った、「もしあなたが神の子であるなら、ここから下へ飛びおりてごらんなさい。『神はあなたのために、御使たちに命じてあなたを守らせるであろう』とあり、また、『あなたの足が石に打ちつけられないように、彼らはあなたを手でささえるであろう』とも書いてあります」。イエスは答えて言われた、「『主なるあなたの神を試みてはならない』

と言われている」。悪魔はあらゆる試みをしつくして、一時イエスを離れた。

（ルカ四の九〜一三）

ルカによると、悪魔は最後にイエスをエルサレムに連れて行き、宮の頂上に立たせます。イエスが「みことばにこう書いてある」と聖書をもって答えられるのを見て、悪魔は、「これは主があなたのために天使たちに命じて、あなたの歩むすべての道であなたを守らせられるからである」（詩篇九一の一一）という聖書のことばを、「あなたの歩むすべての道で」という句を除いて引用し、「もしあなたが神の子なら」ここから飛び降りるようにとそそのかしたのです。

当時の宗教の教師（ラビと言いました）の教えに、「メシヤが来るときは宮の屋根の上に立たれる」というのがありました。聖書にも「あなたがたが求める所の主は、たちまちその宮に来る」（マラキ三の一）とあります。悪魔は宮の上から飛び降りることはあなたが神の子であることを証明し、到来したメシヤであることを決定的に表明できると言ったのです。しかし、イエスはここでも疑念を受け取るという不信を犯さず、そうした外面的な奇跡をメシヤの証明とする必要を認められませんでした。

彼はひと言、「あなたがたの神、主を試みてはならない」と申命記六章一六節のことばをもって答えられます。神の約束のもとに十分な守りと支えを得て荒野の旅を続けていた民が神を信頼せず、その臨在のしるしを求めたことを言われたことばです。神のみ声に従って歩んでいる道でその臨在のしるしを求める必要はありません。それは神を試みる不信になります。

ルカは、「悪魔はあらゆる試みをしつくして、一時イエスを離れた」と書いています。イエスは、人間が最初に楽園で負けたのと基本的に同じ誘惑に勝利し、喪失した楽園の回復のために、いよいよ「救い主」としての歩みを始められます。

第二部

6　主のめぐみの年

モンテンルパ

一九四五年、太平洋戦争が終結し、日本は悲惨な敗戦から立ち上がろうとしていました。そのころ、全国に、悲しみが込められ、哀調を帯びて切々と歌われた「モンテンルパの夜は更けて」という一つの歌がありました。「モンテンルパの夜は更けてつのる思いにやるせない……」

この歌は、当時、フィリピンのモンテンルパ刑務所には、戦犯として死刑囚七四名を含む重刑者一三三名（一九四九年時点で）が収監されていましたが、一九五一年に一四名が処刑される緊迫した状況でふたりの死刑囚が作った歌でした。それが日本の地で歌われることとなり、戦犯釈放を嘆願する全国民の声となっていったのです。この曲を聴いてこころを動かされたフィリピンのキリノ大統領のもとに五百万人の釈放嘆願署名が届けられ、一九五三年、ついに大統領特赦による涙の赦免帰国になったのでした。

安息日にいつものように

それからお育ちになったナザレに行き、安息日にいつものように会堂にはいり、聖書を朗読しようとして立たれた。すると預言者イザヤの書が手渡されたので、その書を開いて、こう書いてある所を出された。

（ルカ四の一六、一七）

荒野での誘惑に勝利したイエスは、ユダヤの北方、ガリラヤ地方に戻ってしばらく滞在された後、その故郷ナザレに帰られます。そしていつもの習慣であったように、安息日に会堂での礼拝に出席されました。この安息日の出来事をルカは、イエスがメシヤとして人々の前にご自身を現された公生涯の始めを画すこととして物語りますが、それが安息日であったことを記すのは、非常に意味深いことです。

創世記には、神が世界を創造されたとき、六日のうちにそのわざを終え、七日目には休まれたと書かれていますが、安息日とは、神の創造の記念として、週の第七日目には労働を休むようにと制定された休みの日でした。ユダヤ人はその日にしてはいけない多くの禁止条項を設けていましたが、本来の安息日は、人は自分で生きているのではなく、神に生かされていることを覚えて、生きるための実際の手立てを休み、絶対の信頼をもって創造者を仰ぐべき安息の日でした。
今ルカが、その到来を語ろうとするメシヤのもたらすものは、人類に多くの煩いと悲しみと死を負わせた「罪のゆるし」であり、深い魂の安息以外の何物でもありませんでした。安息日はそれを宣する時としてまことにふさわしい日であったと言うことができます。

この聖句は、この日に成就した

「主の御霊がわたしに宿っている。貧しい人々に福音を宣べ伝えさせるために、わたしを聖別してくださったからである。主はわたしをつかわして、囚人が解放され、盲人の目が開かれることを告げ知らせ、打ちひしがれている者に自由を得させ、主のめぐみの年を告げ知らせるのである」。イエスは聖書を巻いて係りの者に返し、席に着かれると、会堂にいるみんなの者の目がイエスに注がれた。そこでイエスは、「この聖句は、あなたがたが耳にしたこの日に成就した」と説きはじめられた。

（ルカ四の一八〜二一）

当時のユダヤ人の会堂では、かなり自由に礼拝がなされていました。ユダヤ人の男子は誰でも請われれば聖書のことばを読み、それによって説教をすることができました。聖書は旧約聖書で、羊皮紙にヘブライ語で書かれた巻物でした。この日、イエスにイザヤ書が渡されて話をしてくれるように頼まれるわけです。イエスが巻物を開いて、朗読されたのが上述の聖句でした。

これは明らかにメシヤ預言です。「わたしを聖別して（油を注いで）くださった」とのことばが、「油注がれた者」という意のメシヤを明示しているからです。メシヤは、「貧しい人々に福音を宣べ伝え」ます。そして囚人を解放し、盲人の目を開き、「打ちひしがれている者に自由を得させ」、恵みの年を告知するのです。

朗読を終えて聖書を係りに返されると、人々は何を話されるのかとじっとイエスを見つめます。「この聖句は、あなたがたが耳にしたこの日に成就した」。これは、ユダヤ人にとって、いや人類全体にとって、歴史の中心に位置するような重大宣言でした。「この日に」とのイエスのことばは、救いの世、新しいメシヤの世がまさにここにあるのだという宣言でした。イエスは、「私はあなたがたがずっと待ち望んで来たメシヤです」と言っておられたのです。

解放の福音

このイザヤの預言は、メシヤによる「解放」の預言でした。イザヤの時代（前八世紀後半）、イスラエルは神の定めた道に歩むことをせず、退廃の道を突き進んでいました。そして、ついに前六世紀前半、バビロンに滅ぼされ、人々は捕囚としてその国に連れて行かれ、自由を剥奪された隷属の民として打ちひしがれた生活を送ることになるのです。

しかし、イザヤは、その後、神は再びイスラエルを憐れみ、メシヤによって解放される時が来ると預言するのです。「主はわたしをつかわして、囚人が解放され、盲人の目が開かれることを告げ知らせ、打ちひしがれている者に自由を得させ、主のめぐみの年を告げ知らせるのである」

「主のめぐみの年」とは、イスラエルの社会にあって神に定められていた特別の日で、「ヨベルの年」と呼ばれていました。この年は五〇年ごとに巡ってきます。その年になると、貧しくて自分の土地を売り、あるいは自分自身をも売って奴隷同様になった者が、その一切の負債を免除してもらい自由になるという、信じられないような特別の赦免の日、解放の日であったのです。

イザヤは、イスラエルのバビロン捕囚からの解放と社会的奴隷状態からの解放であるヨベルの年を重ね、それを通して、メシヤによる解放を語っているのです。

メサイヤ

日本でよくクリスマスのころに演奏されるヘンデルのオラトリオに「メサイヤ」があります。この曲名は「メシヤ」の英語読みそのもので、救い主イエス・キリストを独唱曲、重唱曲、合唱曲などを取り入れて劇的に描いたものです。その冒頭のテナーの独唱は、感動的に次のように歌い出します。

慰めよ、わが民を慰めよ、ねんごろにエルサレムに語り、
これに呼ばわれ、その服役の期は終り、そのとがはすでにゆるされ、
そのもろもろの罪のために二倍の刑罰を主の手から受けた

この歌詞は、イザヤのもう一つのメシヤ預言からそのまま採られたものですが、ナザレでイエスが朗読されたメシヤ預言を深く敷衍《ふえん》するものです。解放がもたらすもの

は「慰め」です。それは単なる地上的な悲しみからの慰めを超えて、もっと深く、人の負う「罪」という悲しみ、「死」という恐るべき服役からの解放の慰めです。イエスの救いは「罪のゆるしによる救い」であり、「暗黒と死の陰とに住む者」を「平和の道へ導く」（ルカ一の七七、七九）ものです。

メシヤがもたらすものは、聖書が語る「罪人」に根源的に必要な「赦免の恵み」でした。イザヤはこの解放を、こころの貧しい人々への慰めに満ちた良き知らせ、「福音」として語っているのです。そしてイエスがここに今来たと宣言されるメシヤの世は、「主のめぐみの年」と呼ばれる新しい救いの世でした。

この人はヨセフの子ではないか

するると、彼らはみなイエスをほめ、またその口から出て来るめぐみの言葉に感嘆して言った、「この人はヨセフの子ではないか」。そこで彼らに言われた、「あなたがたは、きっと『医者よ、自分自身をいやせ』ということわざを引いて、カペナウムで行われたと聞いていた事を、あなたの郷里のこの地でもしてくれ、と言うであろう」

（ルカ四の二二～二三）

　このことばを聞いたナザレの人々は、その語られる「めぐみの言葉」に初めは感嘆しますが、このことばが語っていることの重要さを受け入れることはできません。彼らの目には、イエスは彼らの町で一緒に育って生活した「ヨセフの子」、大工でした。イエスのメシヤ性のために彼らが要求したのは、うわさとして聞いていたいやしの奇跡という外面的なしるしでした。彼らの要求は表面的で、人間のこころの必要、その深い渇望に応えるもっと内的なしるしではありませんでした。ここにイエスを信じない人々のこころの姿が描かれています。

　ルカは、このすぐあとにナザレの人々がイエスを崖から突き落として殺害しようとしたことを記しています。こうして、イエスを信ぜず、イエスに逆らって最後には十字架にまで彼を追い詰めていくユダヤ人がすでにここから登場していくのです。

7　弟子への召命

天路歴程

一七世紀にイギリスで書かれた『天路歴程』という寓話は、「滅び」という名前の町から「天国」に至る「クリスチャン」という人の旅を描いたもので、プロテスタント世界で最もよく読まれているとされる宗教書です。著者ジョン・バンヤンは、自分が滅びから免れ、救われたのはただ神の恩寵《おんちょう》によるほかはなかったと、その自伝的作品を『罪人らの首長に恩寵溢る』と題しましたが、それは、自分のこころの罪性を深く認識していたからです。

「私は、生来心が穢れていた。そしてこの病疾《やまい》と苦しみが絶えず凄まじい勢いで心の中で成長するのを見て、慙愧《ざんき》に堪えなかった。このため私自身の目にさえ、私が蟾《ひき》蜍《がえる》にも劣るほど厭《いと》わしく見えた。神の目にもそう映っているだろうと私は思った。泉から水が湧き出るように、私の心から罪と腐敗が自然に湧き出て来る……」⑥

ゲネサレ湖

さて、群衆が神の言を聞こうとして押し寄せてきたとき、イエスはゲネサレ湖畔に立っておられたが、そこに二そうの小舟が寄せてあるのをごらんになった。漁師たちは、舟からおりて網を洗っていた。その一そうはシモンの舟であったが、イエスはそれに乗り込み、シモンに頼んで岸から少しこぎ出させ、そしてすわって、舟の中から群衆にお教えになった。（ルカ五の一〜三）

イエスの伝道の働きの前半は、ナザレのあるガリラヤの地域でなされました。現在のイスラエル北部およびヨルダンの一部を指します。ガリラヤとは「周辺」（ガーリール／へブライ語）という語から来ていて、エルサレムを中心にするユダヤでは辺境地域とされました。

ガリラヤの中央には小さな心臓の形の水のきれいな湖がありました。ルカの記述ではゲネサレ湖です（キネレテの海、テベリヤの湖とも呼ばれましたが、多くはガリラヤ湖と呼ばれる湖です）。長さが二一キロ、幅は一二キロ、地中海海面下二一一メートルにあり、淡水の湖です。丘陵の緑が青い水面に映え、パレスチナでは最も美しい景観を呈していると言われます。

この地域、春には丘陵の斜面が美しい花に装われ、遠く雪をかぶったヘルモンの山が見えます。新約時代には一二の大きな町が湖畔近くにあり、漁業が重要な産業で、ローマ帝国への主要な輸出品となっていました。ガリラヤには、魚を塩漬けにして輸出していたマグダラという町や、西方にカペナウム、ベツサイダ、コラジン、テベリヤなどの町々がありました。

神のことば

ある朝、イエスが湖の岸に立っておられると、イエスの説教を聞こうと、人々があちこちから集まってきました。ルカは、群衆が押し寄せてきたと書いています。イエスは話をする場所を得るために、弟子のシモンの舟に乗り、岸から少し漕ぎ出してもらって、その舟のへりに座り、岸辺の人々に語られました。

ルカは、人々は「神の言」を聞きにきたと書いています。ここで読者の目は、神の言に向けられていきます。ナザレを出た後、イエスはカペナウムに行き、そこで、悪霊を追い出し、高熱のシモンのしゅうとをいやされ、集まった多くの人々の病をいやされましたが、ルカによると、これらの奇跡は、「この人から出て行け」と悪霊に命じ、病気に「熱が引くように命じられ」たイエスの「ことば」によるものでした。

さらに、イエスはほかの町々でも「神の国の福音」を宣べ伝えるのがわたしの来た目的だと言って、ガリラヤの諸会堂で教えを説かれました。「この聖句は、……この日に成就した」（ルカ四の二一）とのナザレにおける宣言をもって始められた「恵みの世」の告知を、ここでイエスは神の国の福音と呼んでおられるのです。

これが、人々が聞くために押し寄せた神のことばです。それは罪人へのゆるしのことば、心身に傷を負う者、痛める者へのいやしのことば、悲しむ者への慰めのことば、そして、死の地に伏す者へのいのちのことばでした。暗い不安と苦しみの中に生きていたガリラヤの人々にとって、ここに登場したこの新しい教師のことばは、実に、希望といのちのことばでした。

預言者イザヤはガリラヤにおけるこの光景をすでに八〇〇年も前に描いていました。「マタイによる福音書」に引用されているところに従うと次のような預言です。

ゼブルンの地、ナフタリの地、海に沿う地方、ヨルダンの向こうの地、異邦人のガリラヤ、暗黒の中に住んでいる民は大いなる光を見、死の地、死の陰に住んでいる人々に、光がのぼった。

（マタイ四の一五、一六）

話がすむと、シモンに「沖へこぎ出し、網をおろして漁をしてみなさい」と言われた。シモンは答えて言った、「先生、わたしたちは夜通し働きましたが、何も取れませんでした。しかし、お言葉ですから、網をおろしてみましょう」。そしてそのとおりにしたところ、おびただしい魚の群れがはいって、網が破れそうになった。そこで、もう一そうの舟にいた仲間に、加勢に来るよう合図をしたので、彼らがきて魚を両方の舟いっぱいに入れた。そのために、舟が沈みそうになった。

（ルカ五の四～七）

お言葉ですから

イエスは、話が終わると、シモン（イエスにペテロと名づけられました）に言われます。「沖に漕ぎ出て、もう一度、網をおろしてごらんなさい」。シモンは夜の間中、この湖で漁をしたばかりでした。水の澄んだガリラヤ湖では、漁は日中ではなく、夜間に行われました。漁師たちは湖をよく知り、魚の生態を知り尽くしていました。その専門家たちが力を尽くして試みたこの夜の漁は全くの不漁でした。落胆していたシモンはそれでも答えました。「先生、わたしたちは夜通し働きましたが、何も取れませんでした。しかし、お言葉ですから、網をおろしてみましょう」

シモンは「お言葉」ですからと、言われたとおりにします。するとおびただしい数の魚が入って網が破れるほどの大漁でした。仲間の舟を呼んで二艘の舟に魚を引き上げると両方とも沈みそうです。実に圧倒的な奇跡の出来事でした。

わたしから離れてください

これを見てシモン・ペテロは、イエスのひざもとにひれ伏して言った、「主よ、わたしから離れてください。わたしは罪深い者です」。彼も一緒にいた者たちもみな、取れた魚がおびただしいのに驚いたからである。シモンの仲間であったゼベダイの子ヤコブとヨハネも、同様であった。すると、イエスがシモンに言われた、「恐れることはない。今からあなたは人間をとる漁師になるのだ」（ルカ五の八～一一）

シモン・ペテロの目に入っていたのは大漁の出来事そのものではありません。彼の前には、そのみ前にわずかの罪も存在することをゆるさない聖なる方、永遠の神がおいでになりました。突然そのみ前にある自らの罪深さにおののきます。彼はそこにいることに耐えられず、心身の力を失いました。彼はイエスの前にひれ伏します。「主よ、わたしから離れてください。わたしは罪深い者です」。ルカはほかのふたり、ヤコブとヨハネも同様であったと書いています。

人間をとる漁師になるのだ

自らの罪深きにおののきひれ伏すシモンに、「恐れることはない」とのイエスのことばがかけられます。シモンのこころに深い慰めが染みてきました。もともと何の価値もない罪人の自分を知っておられたイエスは、自分の舟に乗り込み、福音のことばを語られ、夜通し何も獲れなくて落ち込んでいる者に生きる糧を与えられた。このような自分をも受け入れられる、それは紛れもなく「恵みのことば」でした。

そしてシモンと仲間たちにさらに驚くべきことばが語られました。「あなたは人間をとる漁師になるのだ」。この漁師は「神の国」に人々を導いて救い上げる魂の漁師です。それは、このような罪深い者を、罪人にも関わらず、いえ、罪人だからこそ、ご自分の傍らに常にいる者として近づけ、その者にご自分の働きを託される「弟子」

への召命でした。神の国は、自ら罪深きを知る者たちによって初めてこの世に伝えられ、現れて来るのです。その人だけが救いの必要と喜びとその道を人々に身をもって証言できるからです。

イエスの口から出る神の国の福音のことばは、ガリラヤの地で語られていきます。こころに救いを求めていた人たちはその「恵みのことば」に慰められ、救われていったのです。

ガリラヤの地を思うと、ある賛美歌のことばとメロディが聞こえてくるようです。

ガリラヤの風　かおる丘で
ひとびとに話された
恵みのみことばを
わたしにも聞かせてください⑦

日本基督教団讃美歌委員会著作物使用許諾第四一〇四号

8　罪をゆるす権威

ホスピス

一九六七年、イギリスにおいて「聖クリストファー・ホスピス」を開設し、末期がん患者のための緩和ケアを本格的に医療界に持ち込んだ人が、シシリー・ソンダース女史です。ホスピスとは、死にゆく人々が痛みを和らげられ、自分らしく安らかに人生を全うできるように援助する今日最も必要とされている医療です。女史のことばに「人は全人的に痛む」というものがあります。

病気の人はただ体に痛みを覚えているだけではなく、こころにも痛みを感じています。そのこころの底にある最も深い痛みを霊的痛み（スピリチュアル・ペイン）と呼んでいます。そしてその中核にあるのが、聖なる永遠者の前に人間存在が持つ深刻な罪責の痛みです。

Nさんは、胃がんの告知を受けてその最後の日々をただ一つの願いを持って過ごされました。罪のゆるしです。「キリスト教では神様は罪をゆるしてくださるのでしょうか」という問いを持って、聖書を一心に学ばれました。そしてその亡くなる日の朝に洗礼を受け、「罪をゆるしていただき、私の人生でこんなに幸せなことはありませんと感謝されて永い眠りにつかれました。「私の人生は全部ただ自分のため、自己本意の人生でした」。その罪について語られた考えさせられることばです。

ペテロの家で

ある日のこと、イエスが教えておられると、ガリラヤやユダヤの方々の村から、またエルサレムからきたパリサイ人や律法学者たちが、そこにすわっていた。主の力が働いて、イエスは人々をいやされた。　（ルカ五の一七）

ガリラヤにおいてイエスの働きは進められていきました。イエスは苦しむ人々に慰めと希望のことばを語り、その「ことば」によって悪霊を追い出し、病をいやしていかれました。そしてルカは、こうした権威の啓示のあとでメシヤに最も根源的な権威について語ろうとしています。

イエスの話を聞きに大勢の人々が、おそらくペテロの家と思われるところに集まっていました。そこには、律法学者やパリサイ人という宗教的指導者たちも、ガリラヤとユダヤの全域、またエルサレムからも来ています。パリサイ人はユダヤの律法遵守に熱心な人たちで、律法に忠実な自分たちを神の前に義《ただ》しい者であると自任していました。彼らはイエスの教えのあらを探すために来ていたのです。

その時、ある人々が、ひとりの中風をわずらっている人を床にのせたまま連れてきて、家の中に運び入れ、イエスの前に置こうとした。ところが、群衆のためにどうしても運び入れる方法がなかったので、屋根にのぼり、瓦をはいで、病人を床ごと群衆のまん中につりおろして、イエスの前においた。イエスは彼らの信仰を見て、「人よ、あなたの罪はゆるされた」と言われた。

（ルカ五の一八〜二〇）

中風の患者

そこに一人の重い中風の人が四人の友人に担架で運ばれてきます。いのちの力がほとんど失われている絶望的な重病人でした。友人たちはイエスの話が聞けるところに少しでも入り込もうとしますが、ぎっしり詰まった群衆のためどうすることもできません。

友人たちは思案したあげく、家の屋上に担架を運び上げます。当時の家の屋上は、梁の上に薄い板や木の枝を渡し、むしろや藁束を敷いて、土を一センチほどに盛って固めた簡単な造りでした。友人たちは、そうしたものを取り除き、大きな穴を開け、その重病の友人を担架ごとロープでそろそろとつり降ろしたのです。

屋根がはがされ、泥などがばらばらと落ちてきます。集まっていた人々は一体何事が起こるのかと、驚いて上を見ていました。そこに、いのちの色を全く失った病人が天井から降ろされてきたのです。その力ない目をイエスに向けて必死で訴えている病人の無言の願いが周りの人々にも伝わってくるようでした。イエスはこの今にも死にそうな人に何をなさることができるのか、皆、固唾《かたず》を呑んで見つめていました。

あなたの罪はゆるされた

そこにイエスの静かな温かい声がかけられました。「人よ、あなたの罪はゆるされた」。この人の顔に言いようのない安堵の表情がいっぱいに広がっていったことは十分に想像できます。もう、何もいらない、病気のことはその人のこころにはありません。治ってもよいのです。罪はゆるされた。イエスは、病気の回復のことはほとんど意識しないほどにこの人のこころの奥底にあった切実な願いを知っておられました。彼の魂には罪責の重荷が重くのしかかり、その苦悩にあえいでいました。その重荷を取り除いていただくこと、その苦悩からの救いを、この人は切望していたのです。

この人はそのこころに満ちわたる平安と慰めを表情に表してイエスの前に横たわっています。そのまわりの人々にもその泣くような魂の喜びが伝わってきました。人々は罪をゆるされる方が目の前においでになることを感じて感動のおももちでイエスを見つめていました。

罪をゆるす権威のある方

するとと律法学者とパリサイ人たちとは、「神を汚すことを言うこの人は、いったい、何者だ。神おひとりのほかに、だれが罪をゆるすことができるか」と言って論じはじめた。イエスは彼らの論議を見ぬいて、「あなたがたは心の中で何を論じているのか。あなたの罪はゆるされたと言うのと、起きて歩けと言うのと、どちらがたやすいか。

しかし、人の子は地上で罪をゆるす権威を持っていることが、あなたがたにわかるために」と彼らに対して言い、中風の者にむかって、「あなたに命じる。起きよ、床を取り上げて家に帰れ」と言われた。すると病人は即座にみんなの前で起きあがり、寝ていた床を取りあげて、神をあがめながら家に帰って行った。みんなの者は驚嘆してしまった。そして神をあがめ、おそれに満たされて、「きょうは驚くべきことを見た」と言った。

（ルカ五の二五～二七）

集まっていた人々のおそらく一番前に座っていたパリサイ人、律法学者たちが、つぶやき始めます。「神を汚すことを言うこの人は、いったい、何者だ。神おひとりのほかに、だれが罪をゆるすことができるか」。確かに罪をゆるすことは、ただ神のみがおできになることです。聖書は罪をゆるす権威を神にのみ帰しています。

わたしこそ、わたし自身のために／あなたのとがを消す者である。

（イザヤ四三の二五）

神よ、あなたのいつくしみによって、わたしをあわれみ、あなたの豊かなあわれみによって、わたしのもろもろのとがをぬぐい去ってください。わたしの不義をことご

とく洗い去り、わたしの罪からわたしを清めてください。（詩編五一の一、二）

イエスは彼らの不信の思いを知って彼らに聞かれます。「あなたの罪はゆるされたと言うのと、起きて歩けと言うのと、どちらがたやすいか」。一般的に判断すると、後者の場合は病人は起きて歩かなければなりませんが、前者は見えない世界のことですので、そのように「言う」だけで済みます。だから前者が「たやすい」と言えるでしょう。

イエスは彼らのそうした外面的論理に従って言われます。「人の子は地上で罪をゆるす権威を持っていることが、あなたがたにわかるために」。そして、中風の者に向かって言われます。「あなたに命じる。起きよ、床を取り上げて家に帰れ」。「人の子」とは旧約聖書に出て来るメシヤの別称で、イエスはご自分をこの名称で呼ばれました。病人は即座に立ち上がり、床を担いで家に帰って行きました。

論理上、より困難なことの実行能力は他方の能力を保証します。さらに内容的にも、パリサイ人たちの考えの中でそれは立証されています。彼らは、病気は罪の結果だと考えていましたので、病気の回復は罪がゆるされたことの結果でした。彼らは実際に神のみが持つ罪をゆるす権威のある方の前にいることに戦慄を覚えたに違いありません。しかし、彼らはイエスをメシヤとして受け入れることをせず、そのこころをいっそう頑《かたく》なにしていきます。

メシヤの世

聖書にメシヤの世は「罪のゆるし」を本質的な契機して到来すると語られています。

その日には、罪と汚れとを清める一つの泉が、ダビデの家とエルサレムの住民とのために開かれる。（ゼカリヤ一三の一）

あなたがたの神は言われる、「慰めよ、わが民を慰めよ、ねんごろにエルサレムに語り、これに呼ばわれ、その服役の期は終り、そのとがはすでにゆるされ、そのもろもろの罪のために二倍の刑罰を／主の手から受けた」（イザヤ四〇の一、二）

ルカは、ここに、このイエスこそメシヤ、神として「罪をゆるす」という根源的権威を持つ方であると告げ、このようにしてメシヤの世が到来していることを語っているのです。

9　罪人を招くために

悪人正客

すでにイエスによって語られた、この「福音」の「神の憐れみ」の深みを思わせるものが、仏教思想（浄土宗、浄土真宗）の悪人正機、あるいは悪人正客ということばにもあるように思われます。『歎異抄』に書かれた親鸞上人のことばはよく知られています。「善人なをもて往生をとぐ、いはんや悪人をや。しかるを世のひとつねにいはく、『悪人なほ往生す、いかにいはんや善人をや』。……煩悩具足のわれら（悪人）は、いづれの行にても生死をはなるることあるべからざるを、あはれみたまひて、願をおこしたまふ本意、悪人成仏のためなれば、他力をたのみたてまつる悪人、もつとも往生の正因なり」⑧

世の人は、悪人でさえ往生する（救われる）のなら、善人はなおさらである、という。本当は全く逆に、善人でさえ往生するのなら、悪人はなおさらである。なぜならと、親鸞は続けます。煩悩に捕らわれている衆生はいかなる修行をもってしても自力で往生はかなわない。それを憐れんで救おうとされるのが弥陀の本願（救いの誓い）である。だから、ただ他力を頼む悪人こそ、その本願によって往生すべき者である。自力の者は誰一人往生はできないと。

悪人正機、悪人正客とは、自ら悪人と認める者こそ本願による救いの主対象、また、主客であるという意味です。

取税人レビの召し

そののち、イエスが出て行かれると、レビという名の取税人が収税所にすわっているのを見て、「わたしに従ってきなさい」と言われた。すると、彼はいっさいを捨てて立ちあがり、イエスに従ってきた。それから、レビは自分の家で、イエスのために盛大な宴会を催したが、取税人やそのほか大ぜいの人々が、共に食卓に着いていた。

（ルカ五の二七〜二九）

これまで、イエスは救い主であり、その到来と共に神の国が来ていることを語ってきたルカは、ここで、そのみ国に招かれている者は誰かという「神の国の福音」の要諦について、イエスのことばを語ろうとしています。それは、「失われた者」こそみ国に受け入れられるという「失われた者」にとっての大きな喜びの訪れ、福音のことばです。

このことをイエスが語られたのは、取税人レビを弟子として召命することがその背景と契機になっています。レビは、マタイとも呼ばれ、「マタイによる福音書」を書いた人です。取税人とは、イエス在世の当時、主としてローマのために税金を取り立てる徴税請負人や集金にあたる下級税吏のことで、多くの場合、被征服民族から採用されました。ローマ政府は税の査定をして、取り立ては取税人に任せたので、彼らは相当の利幅をとり、私服を肥やしました。こうして彼らは、同胞に嫌悪され、憎まれましたが、特にユダヤでは、強欲な上に、異邦人の汚れに接し、民を支配する敵に仕える罪人であるとみなされました。

レビの場合、ガリラヤはヘロデの領地ですが、その地方を通る通商路の品物にかけられる輸入税の徴収にあたっていたと考えられています。レビはそうした税の徴収で財を成した金持ちであったと思われますが、そのこころはそうした生活に欠けている内心の満足と平安を渇望していたと思われます。

そうしたレビのこころをよくご存じであられたイエスは、収税所に座っているレビに近づき、「わたしに従って来なさい」と弟子への召命のことばをかけられました。ユダヤ社会で疎まれ、嫌悪され、受け入れられていない自分のような者にかけられることなど思いも寄らない召しのことばでした。恵みによるほかはないその呼びかけに、レビはただ「いっさいを捨てて」従ったとあります。

レビは、イエスの弟子として従って行くために裕福な自分の家を離れなければなりません。彼は、神が自分にかけてくださったこの信じられないほど大きい憐れみと恵みを思い、イエスに感謝を表し、同時に、自分の身に起こったことを仲間に知らせたいと考えて、友人たちを招き、盛大な宴会を催しました。そこには、仲間の取税人たちや、同じくユダヤ社会で蔑《さげす》まれ、裁かれ、受け入れられていなかった「罪人」と言われる人たちが大勢集まってきていました。罪人とはもちろん遊女や前科者などのような人たちに限らず、厳格なパリサイ人の規定する律法解釈の枠内から逸脱し、その結果、会堂から締め出された人たちに対しても用いたことばでした。

パリサイ人・律法学者

ところが、パリサイ人やその律法学者たちが、イエスの弟子たちに対してつぶやいて言った、「どうしてあなたがたは、取税人や罪人などと飲食を共にするのか」。イエスは答えて言われた、「健康な人には医者はいらない。いるのは病人である。わたしがきたのは、義人を招くためではなく、罪人を招いて悔い改めさせるためである」

（ルカ五の三〇～三二）

このレビが開いた宴会に入ってきていた別の種類の人々がいました。パリサイ人と律法学者と言われる人たちです。パリサイ人とはその当時、ユダヤの社会にある宗教団体のうちで最も多数を占めていた人たちでした。パリサイとは、「分離された者」という意味の「パールーシュ／ヘブライ語」から派生したもので、ユダヤの律法に忠実であろうとして、さまざまな宗教的汚れから自分たちを分離し、清く身を保とうとしたことから、こうした命名がなされたのです。

彼らは厳格な律法主義者でした。律法への服従の生活を何よりも大切だと考え、律法の文字と形式の厳守を叫び、伝統を重んじました。また儀式律法的な清めをさまざまな形で求めました。そのきよめの律法を守らない者を「地の民」（アム・ハ・アレツ／ヘブライ語）と呼んで、軽蔑しました。

しかし、中には善良な人たちもいましたが、外面的には高徳を装いながらも、内面的には貪欲であり、無慈悲、偽善などで知られていたと言われます。また、一般的に裕福であった彼らは、富は神の祝福のしるしであると教え、貪欲なこころを隠して富むことを求めました。

律法学者とは、もともと聖書の写本作成を仕事にしていた専門家でした。そのため、律法に関する細密な知識によってユダヤ宗教社会で権威と認められるようになった人たちで、有名な学者は多くの弟子を集めていました。律法学者のほとんどはパリサイ人であったようです。

罪人を招いて悔い改めさせるため

律法に忠実であると自認し、自分を義人とみなしていたこれらパリサイ人たちや律法学者たちは、イエスを監視し、何か彼を訴えることのできるものはないかと探すためにこの宴会に来ていたと思われます。彼らはイエスの弟子たちにつぶやきました。

「どうしてあなたがたは、取税人や罪人などと飲食を共にするのか」

この時代、この地の文化においては、食卓の慣習がそのグループの思想・文学・宗教などの性質を表していたと言われます。近東の格言に「私は彼らが食べるのを見た。それで彼らが誰であるかを知った」というものがあるそうです。こうした当時の社会では飲食を共にするということは相手を認め、受容するという明確な意思表示でした。パリサイ人たちにとって神の道に背いた罪人と共に食事をすることは、到底考えられないことでした。

イエスは、弟子たちにつぶやいている彼らのことばを聞かれます。そして自分の方から彼らに言われます。「健康な人には医者はいらない。いるのは病人である。わたしがきたのは、義人を招くためではなく、罪人を招いて悔い改めさせるためである」。確かに健康な人は医者を必要としていません。必要としているのは絶対的に病人です。私が救い主として来たのは、救いを必要としている魂の病人である罪人のためです。救いを必要としない義人のためではありません。そして、そういう人は誰もいないのです。

イエスは、パリサイ人たちに尋ねます。「あなたは義人ですか」。「そうであればわたしの国はあなたには無用です。あなたは救われる者の国に入ることはできません」。

救い主イエスのみ国に招かれている者は、絶対的に、救いを必要としている罪人です。イエスのみ国へ招かれている正当な客は、実に罪人であって、それ以外ではないのです。

「神の国の福音」の要諦は、み国は義人にではなく、罪人にのみ提供され、イエスの招きはただ罪人にのみ与えられているということです。自ら義人であると思う者にみ国が来ることは決してありません。

10　安息日

人生の解放

精神科医の工藤信夫先生は、その著書の中に神様を信じるようになった患者さんの手記を載せておられます。「神様を信ずるまでは自分だけが頼りで、自分一人でこの世界を生きていかねばならないと必死な気持でした。自分の力を信ずるほかなかったのです。しかしやがてその自分でさえ頼りにならないという事態に出会いました。

その中で人間の力には限界があるということを知り、また人生には自分を越えて働く大きな力があるということに気づいたのです。この発見は、私を自由にしました。神様の目にはすべてが明らかである以上、もう強がりを言って自分を偽る必要もないし、自分一人の力で生活していかねばならないという緊張感からも解放されました」⑨

この方の発見はとても大切な気づきだと思います。「人間の力には限界があるということ」、そしてそれゆえに気づいた、「人生には自分を越えて働く大きな力があるということ」、この二つの発見です。

安息日の律法

イスラエルの社会には、一週の最後の日、つまり、第七日土曜日には、何の労働もしない、娯楽の楽しみなどもしないという特別の休みの日がありました。その日が「安息日」です。これは、神が六日の間に世界と人を創造し、七日目にそのわざを休み、その創造を記念する日とされたという聖書のことばに基づいています。

また、安息日には、エジプトの地で奴隷になっていたイスラエルの民を創造者である神が奇跡のみわざによって脱出させ、その奴隷状態から解放し、安息を与えられた日としても覚えるように定められていました。本来造られた者が、創造者であり解放者である神を覚えて、そのみ旨に従い、神によって生かされていることを覚えて信頼をよせるための日でした。

しかし、実際の生活においてはイスラエルの律法学者やパリサイ人の教えによって、安息日には、してはいけないことが細かく、複雑に定められていました。労働は一切禁じられて、三九項目に及び、それぞれの労働の過程一つひとつがまた禁令になっていました。たとえば、種をまく、収穫する、脱穀するなど。また縄の結び目を作る、それを解くこともそうです。鶏が卵を産んでも鶏が産むという労働をしたその日には食べられませんでしたし、文字を書くのは二字までとされ、また、安息日に歩いて行ける距離は二千キュビト（一キロ前後）に制限されていました。このように禁令が細々と定められ、安息日の律法はユダヤ教の教えの中でも最も煩瑣《はんさ》なものの一つとなり、人々の生活を縛るものとなっていたのです。人々は、神が創造によって与えられたいのちに感謝し、喜ぶことがゆるされている日に、そうした多くの禁令に縛られ、自由を失っていました。

麦の穂を摘んで

ある安息日にイエスが麦畑の中をとおって行かれたとき、弟子たちが穂をつみ、手でもみながら食べていた。すると、あるパリサイ人たちが言った、「あなたがたはなぜ、安息日にしてはならぬことをするのか」。そこでイエスが答えて言われた、「あなたがたは、ダビデとその供の者たちとが飢えていたとき、ダビデのしたことについて、読んだことがないのか。すなわち、神の家にはいって、祭司たちのほかだれも食べてはならぬ供えのパンを取って食べ、また供の者たちにも与えたではないか」。また彼らに言われた、「人の子は安息日の主である」

（ルカ六の一～五）

ある安息日のこと、空腹であった弟子たちは、その畑の麦の穂を摘んで、それを指で揉み、歩きながら食べていました。それを見ていた律法学者やパリサイ人たちがいて、弟子たちを「安息日にしてはならないことをする」と言って批判したのです。ユダヤ人の律法では、普通の日に他人の畑の麦をこのような形で食べることは、その畑の実を刈り取ることをしない限りゆるされていました。ただ、安息日にそうした行為をすることは、労働になるとされたのです。麦の穂を摘むことは刈り入れることであり、穂を揉むことは脱穀することになるとしたからです。

イエスはその批判に対して、ユダヤ人の尊崇する父祖であり王であったダビデが、空腹のときに、食べることが禁じられていた宮の供えのパンを、自分も食べ、家来にも食べさせた例を挙げ、弟子たちが空腹の時に麦を摘んで食べたことは安息日であっても非難するにあたらないと言われたのです。イエスはこうしたいのちの維持に必要とされることは、安息日にも禁令とされるものではないと教えられたのです。

本来、安息日は人を創造された神、また、イスラエルを救われた神を覚えて、自分が生きているのではなく、生かされていることを確認し、たとえ、倒れることがあってもすぐそばに立たせてくださる神がおいでになることを覚えて、常に信頼をもって歩むようにと制定された日でした。

さらに、イスラエルの人々が待ち望んでいたメシヤ、救い主は民の隷属からの解放者であり、本質的に罪と死からの救いに基づく「まことの安息」を下さるお方でした。メシヤは人々に安息を約束し、安息に導いてくれる救い主で、預言的にダビデの子と言われていました。イエスがダビデの例を取り上げて話をされ、「私は安息日の主である」と言われたとき、彼は、そのことばに特別な意味を読み取るように語っておられたのです。つまり、私はメシヤとして安息を与える者として来た主であるということでした。

安息日のいやし

また、ほかの安息日に会堂にはいって教えておられたところ、そこに右手のなえた人がいた。律法学者やパリサイ人たちは、イエスを訴える口実を見つけようと思って、安息日にいやされるかどうかをうかがっていた。イエスは彼らの思っていることを知って、その手のなえた人に、「起きて、まん中に立ちなさい」と言われると、起き上がって立った。そこでイエスは彼らにむかって言われた、「あなたがたに聞くが、安息日に善を行うのと悪を行うのと、命を救うのと殺すのと、どちらがよいか」。そして彼ら一同を見まわして、その人に「手を伸ばしなさい」と言われた。そのとおりにすると、その手は元どおりになった。そこで彼らは激しく怒って、イエスをどうかしてやろうと、互に話合いをはじめた。

（ルカ六の六〜一一）

またほかの安息日のことです。場所はユダヤ人の会堂でした。そこに右手が麻痺で動かなくなった人がいました。律法学者たちは、今度はイエスのいやしのわざをイエスを陥れる方策に用いようとしました。彼らの教えではいやしのわざも安息日の禁令の一つでした。イエスがこれまで、いろいろなところで、安息日によく病人や障害を持つ人をいやされたことを彼らはよく知っていました。そこで、安息日にこの男をいやすかどうか、うかがっていたのです。

律法学者たちも、重篤の病人が緊急に助けを必要としているような場合には、安息日であっても治療などを施しても良いと認めていました。しかし、この会堂での病人のように右手が麻痺しているような場合は、安息日を避けてほかの日でもできることなので、この日のいやしは禁令と考えられるケースでした。

イエスは彼らの企みを知っておられましたが、この人を会堂の中央に立たせ、彼らに質問を投げかけました。安息日にしてよいのは、善と悪のどちらか、いのちを救うのと殺すのとどちらかと。いやすことは善であり、いのちを救うことであることは自明のことでした。パリサイ人たちは善をなしてはいけない、いのちを救ってはいけないとは言えませんでした。イエスはこの人に手を伸ばしなさいと言っていやされました。彼らは怒ってイエスを害するために互いに話し合いを始めたと書かれています。

ルカは、安息日にイエスがこうしたいやしの奇跡をなされたということをほかの福音書より多く記しています。それも、この場合のようにほかの日でもよかったのにあえて安息日にいやしをされたというのです。これは、安息日の本当の意味、人間の病をいやし、罪をゆるし、倒れてもそばにあって立たせてくださるお方である神を覚えるための日であるということを教えるためでした。安息日ごとに人々が、自分を生かされる神にすべてをゆだねて生きるまことの安息と平安を経験していくようにと、安息日は定められているのです。

ユー・レイズ・ミー・アップ

トリノオリンピック、フィギュアスケートの金メダリスト荒川静香さんがエキシビションで用いた曲は「ユー・レイズ・ミー・アップ」でした。荒川さんは、怪我や挫折で苦しみ落ち込んだ経験の中でこの歌に大きく励まされたと言います。疲れ果てている者のそばに来て、もう一度立たせてくれる方を歌うものです。この曲は、伝統的な賛美歌ではありませんが、現代クリスチャン・ミュージックの一つとも考えられています。ある牧師の私訳のようですが、神への信頼を感動的に歌っています。

弱り果て、魂も疲れ果てた時
困難に遭い、心に重荷を負っている時
私はここで、じっと静かに待ちます
主が来てくださり、しばらく一緒に座ってくださるまで

※主が助け起こしてくださるので、
険しい山の頂にも立つことができます

主が奮い立たせてくださるので、
荒れ狂う海の上も歩いて行けます
主が支えてくださるので、
私は強くなれます
主が引き上げてくださるので、
私は自分を越えられます

主が引き上げてくださるので、 私は自分を越えられます⑩

※繰り返し

11　イエスのみ国

神のごとくゆるしたい

大正期の夭折のクリスチャン詩人八木重吉さんには、「秋の瞳」「貧しき信徒」などの自選詩集のほか、遺稿も含めて死後に編まれた「神を呼ぼう」などの詩集がありま す。二一歳で洗礼を受け、二九歳で亡くなる短い生涯でしたが、キリストの磔刑をこころに思いながら信仰に生きる詩を多く遺しました。結核と診断されてから一年間の絶対安静の最後の病床では、迫りくる自分の死と向き合いながら、神を信じて生きるいのちのあり方をひたすら求めました。

どうせ短い命
出来る限り美しい心でいよう

すべての

くるしみのこんげんは
むじょうけんに　むせいげんに
ひとをゆるすという
そのいちねんがきえうせたことだ

神のごとくゆるしたい
ひとが投ぐるにくしみをむねにあたため
花のようになったらば神のまえにささげたい

長い命でないとおもえば
これから一生懸命
力をつくして
神様を信じ
人を愛してゆこう ⑪

平地の説教

そして、イエスは彼らと一緒に山を下って平地に立たれたが、大ぜいの弟子たちや、ユダヤ全土、エルサレム、ツロとシドンの海岸地方などからの大群衆が、教を聞こうとし、また病気をなおしてもらおうとして、そこにきていた。そして汚れた霊に悩まされている者たちも、いやされた。また群衆はイエスにさわろうと努めた。それは力がイエスの内から出て、みんなの者を次々にいやしたからである。

（ルカ六の一七〜一九）

イエスは山に登り、夜通し祈られて、「使徒」と名づけた特別の弟子一二人を選ばれました。これから形成されていく信者の群れの核となる人たちです。その後、山から下りて麓《ふもと》の平地で、そこに集まっていた大群衆を前に弟子たちに語られました。この話は、マタイによる福音書の有名な「山上の説教」の抜粋的ともいえる内容で、ルカでは「平地の説教」と呼ばれています。

そこでは、多くの病人がいやされ、大きな喜びと賛美の声があがり、神の力が働くのを人々は見ました。そこに集まった群衆は、すでにメシヤの預言がご自分において成就したと語っておられたイエスの口から「神の国」の樹立宣言を聞きたいと大きな期待を持って待っていました。メシヤはローマから覇権を取り戻す王として来ると教えられていた人々の期待は、富と栄光の獲得、欠乏の生活からの解放で占められていました。

さいわいだ、貧しい人たち

そのとき、イエスは目をあげ、弟子たちを見て言われた、「あなたがた貧しい人たちは、さいわいだ。神の国はあなたがたのものである。あなたがたいま飢えている人たちは、さいわいだ。飽き足りるようになるからである。あなたがたいま泣いている人たちは、さいわいだ。笑うようになるからである」

（ルカ六の二〇～二一）

ガリラヤの風薫る山の麓の平地で弟子たちに語られ、群衆の耳に聞こえてきたことばは、これまで人間が一度も聞いたことがないような不思議なことばでした。人間的で野心的な期待には一切応じることなく、そのことばは、集まった多くの人々の耳に、渇いたこころに染み入る水のように深い慰めと安息のことばとして聞こえてきました。

「あなたがた、貧しい人たちはさいわいだ」、「あなたがた、飢えている人たちはさいわいだ」、「あなたがた、泣いている人たちはさいわいだ」。原語的には「ああ、さいわいだ、あなたがた貧しい人たち！」との感嘆のことばです。いったい貧しい人たちがどうしてさいわいなのでしょうか。飢えている人、泣いている人のどこに幸せがあるのでしょうか。

「貧しい人」とは元来「物乞いする人」を意味することばで、自分で生きる手だてを持たない人々でした。飢える人、泣く人も同じです。イエスが「さいわいだ」と言われるのは、貧しさそれ自体のゆえではなく、こうしてイエスのもとに安らぎを求めて来ているそのこころの姿のためでした。さらに、貧しい人や苦しむ人、障害を持つ人などはその罪のために神の祝福には値しないと教えられていました。イエスはここで自ら罪深きにおびえ、救いの望みを失った人たちに、それゆえにこそ、あなたがたは祝福されていると言われたのです。

貧しい人たちのこころは、このガリラヤの野で幸せの不思議な喜びに震えていました。「神の国はあなたがたのものである」とメシヤが断言しておられたからです。イエスのみ国は、この世とは全く異なった次元で、人々の最深の必要に応えて到来していました。

わざわいだ、富んでいる人たち

しかしあなたがた富んでいる人たちは、わざわいだ。慰めを受けてしまっているからである。あなたがた今満腹している人たちは、わざわいだ。飢えるようになるからである。あなたがた今笑っている人たちは、わざわいだ。悲しみ泣くようになるからである。人が皆あなたがたをほめるときは、あなたがたはわざわいだ。彼らの祖先も、にせ預言者たちに対して同じことをしたのである。

（ルカ六の二四〜二六）

ルカの「平地の説教」にはマタイにはないもう一つの逆転のことばがあります。「富んでいる人たちは、わざわいだ」「満腹している人たちは、わざわいだ」、「笑っている人たちはわざわいだ」、「人がほめるときは、わざわいだ」。このイエスのことばも、富、地位、楽しみ、賞賛を幸せの条件とするこの世の原理に沿わない、人が聞くことのなかった不思議なことばでした。

イエスが言っておられるのは、富んでいること、満腹していること、それ自体ではありません。自分の力で生きているかのように、生かされて生きていることを忘れ、おのれの生に満足し、この世を超える世界を切望しない傲慢さです。特に富は神の祝福のしるしであると教えたパリサイ人などは、神の前に自らを義とし、自分の霊的な貧しさを認めず、神の憐れみを必要としませんでした。それゆえに、「救い」によってのみもたらされるみ国の喜びを得ることはできません。彼らが「わざわい」である理由です。

敵を愛し、憎む者に親切にせよ

しかし、聞いているあなたがたに言う。敵を愛し、憎む者に親切にせよ。のろう者を祝福し、はずかしめる者のために祈れ。……人によくしてやり、また何も当てにしないで貸してやれ。そうすれば受ける報いは大きく、あなたがたはいと高き者の子となるであろう。いと高き者は、恩を知らぬ者にも悪人にも、なさけ深いからである。あなたがたの父なる神が慈悲深いように、あなたがたも慈悲深い者となれ。

（ルカ六の二七～三六）

「平野の説教」はメシヤの国に入るこころの姿を「さいわい」と「わざわい」の対比の中で語り、その残りの部分で、み国の生き方について語っていきます。ここに挙げる聖書のことばはその中心的なもの、み国の律法の神髄である愛についてです。そしてこの愛もこれまで人々が聞いたことのない愛でした。

パリサイ派は「契約による隣人だけを愛せよ」と教え、ほかのエッセネ・クムラン派は「すべての闇の子らを憎め」と教えていました。こうした中でイエスは言われます。「敵を愛し、憎む者に親切にせよ。のろう者を祝福し、はずかしめる者のために祈れ」

自分を愛す者を愛することはこの世でもあり得ます。しかし、自分を痛みつけ、こころをもずたずたに傷つける者を、誰がこころから愛することなどできるでしょうか。しかし、イエスはこの世にはないこの愛を生きるように言われます。

彼は、ただ神のみが生きうる愛に、あの十字架の上でご自分に釘打つ者のために祈り、敵対する人類のために死なれたあの愛に、ゆだねる者を生かす恵みを用意して、無力な私たちを招いておられるのです。こうして「あなたがたはいと高き者の子と呼ばれる」と言われます。「あなたがたの父なる神が慈悲深いように、あなたがたも慈悲深い者となれ」。キリスト教倫理の根底に流れることばです。

人をさばくな、ゆるしてやれ

人をさばくな。そうすれば、自分もさばかれることがないであろう。また人を罪に定めるな。そうすれば、自分も罪に定められることがないであろう。ゆるしてやれ。そうすれば、自分もゆるされるであろう。与えよ。そうすれば、自分にも与えられるであろう。

（ルカ六の三七〜三八）

続いて、そのような愛に基づく具体的な人間関係のあり方が語られています。「人をさばくな。そうすれば、自分もさばかれることがない。ゆるしてやれ。そうすれば、自分もゆるされる。与えよ。そうすれば、自分にも与えられる」

み国に生きる人は、まず神に罪を裁かれるべき者でした。それなのに、その有罪の宣告を受けることなく、ゆるされて、いのちを与えていただきました。そうであれば、互いの間でも、裁いてはならない、ゆるしなさい、与えなさいとイエスは言われるのです。その時、自身も裁かれず、ゆるされ、与えられると、み国に生きるさいわいを約束しておられます。

み国に生きる道は、その中に罪人を招かれる慈愛の神に基づいています。そのイエスのみ国は、イエスと共に、救われる喜びと安息の現実として、人々の中に来ていました。

12 「泣かないでいなさい」

基督《きりすと》に救ってもらいたい

迫りくる自分の死と向き合いながら、そのどうしようもない不安の中でキリストにすがり、支えを求めたクリスチャン詩人八木重吉さんの詩から、もう一度、二編、引用します。

私はくるしい　私は怖ろしい
私は自分がたより無い
私は基督に救ってもらいたい
それが最後のねがいだ

病気して
いろいろ自分の体が不安でたまらなくなると

どうしても怖ろしくて寝つかれない
しかししまいに
キリストが枕元にたって
じっと私をみていて下さるとおもうたので
やっと落ちついて眠りについた⑫

百卒長の僕《しもべ》

　イエスはこれらの言葉をことごとく人々に聞かせてしまったのち、カペナウムに帰ってこられた。ところが、ある百卒長の頼みにしていた僕が、病気になって死にかかっていた。この百卒長はイエスのことを聞いて、ユダヤ人の長老たちをイエスのところにつかわし、自分の僕を助けにきてくださるようにと、お願いした。彼らはイエスのところにきて、熱心に願って言った、「あの人はそうしていただくねうちがございます。わたしたちの国民を愛し、わたしたちのために会堂を建ててくれたのです」。そこで、イエスは彼らと連れだってお出かけになった。

（ルカ七の一～六）

み国に生きる道、み国の法則について丘の麓の平地で語られたあと、イエスはカペナウムに戻られました。するとそこにユダヤ人の長老たちが来て、あるローマの百卒長のことばを伝えました。「私の僕が病気で死にそうです。どうぞ、助けに来てください」

百卒長とは、ローマ軍の兵卒百人を率いる隊長ですが、この百卒長はユダヤ人のために会堂を建ててくれたほど、ユダヤの宗教に好意を示していました。きっとそこに自分たちの宗教にはない優れたものを感じていたと思われます。

僕とは、当時の社会では市場で売買され、所有主に思いのままに使役される奴隷のことで、普通は同じ人間として扱ってもらえませんでした。ところが、この百卒長は自分の僕が病気になったとき、まるで家族のように心配し、死にそうになった重篤の僕をなんとか助けたいと思います。

そのとき、ユダヤ人のメシヤではないかと言われているイエスのことを聞くのです。その方は、多くの苦しむ人々を助け、どんな病であってもその口から出る「ことば」によっていやします。その上、社会の底辺に貧しく打ち捨てられた人々、あるいは、罪人と言われる取税人や遊女などをも、大事にして、やさしく顧みられるといいます。

伝え聞くイエスのことばに、きっと異邦の彼の魂にぽっかりと空いた実存の空白をも満たしてくれる何かを彼は感じたに違いありません。資格のない人間の窮乏の場からお願いすることができるとすれば、この方のほかにないことを確信しました。百卒長は、この方にお願いしようと思いますが、自分は異邦人であり、ユダヤの聖なる神の前に立つことはできない、直接お願いする資格もないと考えました。それで、長老たちに仲立ちを頼んだのでした。

「お言葉を下さい」

その家からほど遠くないあたりまでこられたとき、百卒長は友だちを送ってイエスに言わせた、「主よ、どうぞ、ご足労くださいませんように。わたしの屋根の下にあなたをお入れする資格は、わたしにはございません。それですから、自分でお迎えにあがるねうちさえないと思っていたのです。ただ、お言葉を下さい。そして、わたしの僕をなおしてください。……イエスはこれを聞いて非常に感心され、ついてきた群衆の方に振り向いて言われた、「これほどの信仰は、イスラエルの中でも見たことがない」。使にきた者たちが家に帰ってみると、僕は元気になっていた。

（ルカ七の六〜一〇）

イエスは百卒長の所に出かけられますが、まだ着かないうちに百卒長はその友人を使いに出して言わせます。「私はあなたを家にお迎えする値打ちもございません。ただ、治るようにおことばを下さい」。百卒長は自分の下に部下がいて権威の立場にいる自分の命令は何であっても従うことを知っていました。百卒長は、ユダヤのメシヤと言われるイエスという方の中に、値打ちのない者の願いをこころに留め、ゆるし、いやしを施される、異教の神々とは全く異質な、憐れみの神の絶対の権威を見ていました。その方の恵みの「おことば」にいやしと救いの一切がかかっていることを、この異邦の百卒長は感じていました。

イエスは、「これほどの信仰はイスラエルの中でも見たことがない」と感心されました。百卒長は、「自分は値打ちのない者です」と言います。しかし、それにも関わらず、いえ、それだからこそ、彼はユダヤの「恵みの神」を認め、その権威をこれほどにまで信じたのです。使いが帰ってみると、与えられたイエスのことばによって百卒長の僕は元気になっていました。

ナインの若者

そののち、間もなく、ナインという町へおいでになったが、弟子たちや大ぜいの群衆も一緒に行った。町の門に近づかれると、ちょうど、あるやもめにとってひとりむすこであった者が死んだので、葬りに出すところであった。大ぜいの町の人たちが、その母につきそっていた。主はこの婦人を見て深い同情を寄せられ、「泣かないでいなさい」と言われた。

そして近寄って棺に手をかけられると、かついでいる者たちが立ち止まったので、「若者よ、さあ、起きなさい」と言われた。すると、死人が起き上がって物を言い出した。イエスは彼をその母にお渡しになった。人々はみな恐れをいだき、「大預言者がわたしたちの間に現れた」、また、「神はその民を顧みてくださった」と言って、神をほめたたえた。イエスについてのこの話は、ユダヤ全土およびその附近のいたる所にひろまった。

（ルカ七の一一～一七）

それからイエスはカペナウムから南に約三〇キロのところにあるナインという町に向かわれました。するとその町の門から葬列の人々が棺を先頭にゆっくりとした足取りで出てきました。死者はラシャの布に包まれてふたのない棺に納められ、担架に乗せられて、埋葬場まで担がれて行く途中です。そのあとから、雇われ泣き人と一緒に大声で泣きながら弔う人々が追って行きます。

ルカは、この棺の死者について「あるやもめにとってひとりむすこであった者」と、その死のこの上なく哀れな悲しい状況を示すように記述しています。当時は夫を亡くした寡婦に法的権利はなく、遺産を受け取ることもできませんでした。彼女のただ一人の頼みであった独り息子が亡くなったのです。

イエスは、棺に付き添うその母をごらんになり、「深い同情を寄せられ」ました。原語の字義どおりには、「そのはらわたがよじれるほど痛まれ」たのです。この表現は、聖書を通じて、罪のゆえに人間が落とされた死と悲しみの現実に対して神がこころのうちに抱かれた思いを描くのに使われています。神の痛みです。そしてその痛みから、人間を救う計画、実に自ら人の罪を負い十字架に痛まれる計画が生まれてきたのです。

イエスは彼女に「泣かないでいなさい」と声をかけられます。葬列は立ち止まります。どうなるのだろう、この方は何をなさるのだろうか。人々は固唾《かたず》を呑みます。「若者よ、さあ、起きなさい」。イエスがこう言われると、若者は目を開け、起き上がります。イエスは若者を母親に返されます。人々は紛れもなくそこに起こっている人間を超えた出来事の前にただことばを失っていました。イエスは深い憐れみのまなざしを向けて、そこにいのちを与える神の権威を持って立っておられました。人々は「大預言者が現れた」、「神は顧みてくださった」と言って、神をほめたたえたと書かれています。

ハドリアヌス

二世紀の一二〇年代に、ローマ皇帝ハドリアヌスに対してクワドラトゥスという使徒の弟子がキリスト教信仰の擁護のために提出したとされる文書の断片が、三世紀の教父エウセビオスの『教会史』の中に残されています。

「癒された人たちや死から立ち上がらされた人たちは、その苦しみから解き放たれ、いのちに立ち帰ったときにその姿を見られただけではなく、救い主の地上滞在の時期に彼らに会うことができたのであり、主が栄光におはいりになった後も長い間会うことができた。そのうちの或る人たちは今なお生きている」⑬

初期キリスト教会は、その中心にこうしたキリストの事跡について証言できる構成員を持っていました。そうした事跡を目撃し、いやされた人や死よりよみがえらされた人と会い、それを証言できた人々です。その証言者の中にそれらの人々自身がいたことはもちろんのことと思われます。これらのことはこの事績に関わる人々がまだ生存中に語られたものです。もしそんなことが起こらなかったとしたら、その反証を挙げることができる反対者も生存していたことを考えると、これらの証言の真実性は十分にうなずけることです。

ハドリアヌス帝に提出された擁護文は、二世紀初めにもイエスにいやされたり、死者の中からよみがえらされたりした人々の中のある人々が今なお生存していると語っています。こうした証言者の存在について語るこの擁護文は、イエスの事績の史実性について非常に興味深い示唆を与えているものです。

人生にはどうしようもなく悲しく辛い現実があります。罪の悩み、病の痛み、続いて、避けることのできない死の苦しみの現実です。泣かずにおれないこの罪と病と死の悲しい現実の中で「泣かないでいなさい」と声をかけることのできる方がおられます。この方は、値打ちなき者をみ国に招き、罪をゆるし、終局において死からも人を救われる恵みの神、「救い主」です。

13　罪の女

「アメイジング・グレイス」

白血病のため三九歳で夭折された本田美奈子さんによっても感動的に歌われた「アメイジング・グレイス」の原曲は、ジョン・ニュートン作詞の賛美歌です。彼は、アフリカから人々を拉致し、家畜同様の奴隷として売りさばく移送奴隷船の船長であり、奴隷商人にもなった人です。

しかし、自分が携わる残虐行為に気づく転機が訪れます。恐ろしい暴風雨に遭い、船が浸水して転覆の危険に陥ったとき、ニュートンは海に呑まれそうになって必死に神に祈り、奇跡的に浸水が止まり、転覆、死を免れたのです。この救出される体験の中でまざまざと自分の行為の罪深さを見せられます。彼は、その深い罪を悔いて牧師になり、自分のような極悪人をも救われる「アメイジング・グレイス」（驚くべき恵み）を伝えるために生涯を捧げました。

おどろくばかりのめぐみなりき
このみのけがれをしれるわれに
めぐみはわがみのおそれを消し
まかするこころをおこさせたり⑭

ⓒ中田羽後（教文館）

食事に招かれて

イエスのガリラヤにおける伝道は進められていきます。概して貧しい者、価値なきとされた人々はイエスを「救い主」として迎えましたが、宗教指導者たちや富める者の多くは、そうではありませんでした。受け入れた人々は、どうして、どのように、イエスを受け入れたのか、そうでない人たちはどうであったか、救いの経験の本質に関わる出来事を、ルカは、今回取り上げる聖句を通して語ろうとしています。

あるパリサイ人がイエスに、食事を共にしたいと申し出たので、そのパリサイ人の家にはいって食卓に着かれた。するとそのとき、その町で罪の女であったものが、パリサイ人の家で食卓に着いておられることを聞いて、香油が入れてある石膏のつぼを持ってきて、泣きながら、イエスのうしろでその足もとに寄り、まず涙でイエスの足をぬらし、自分の髪の毛でぬぐい、そして、その足に接吻して、香油を塗った。

（ルカ七の三六～三八）

あるパリサイ人がイエスを食事に招きました。その名前はシモンです。彼はイエスに好意的であったようですが、まだ救い主として受け入れていたわけではありません。当時、ユダヤの上流社会の習慣では、人々は食卓の周りの寝椅子に左ひじで上体を支えて横たわり、足は斜め後方に伸ばしたまま、食事をしました。そうした食事の席には誰でも招かれなくても入ってくることができました。

罪の女であった者

その食事の席にそっと入ってきた人がいました。その町で、売春婦、遊女であった罪の女です。詳訳聖書（原語に即して詳細に訳された聖書）は、「すると見よ、この町の女で、格別に悪い罪人が」となっています。「すると見よ」との言い方は、入ってきたのはこの場にふさわしくないと思われた者であったことを示唆しています。特にこの家はパリサイ人の家であり、メシヤと言われるイエスをその客としていました。

女はこの事情をよくわかっていました。彼女は社会のくず、道徳的に汚れきって、神に裁かれ、滅ぶべき者でした。それでも女はイエスがこの家に招かれると聞いて、その家に入っていくのです。入っていかざるを得なかったのです。周囲の非難する目などは眼中にありません。彼女が見ていたのは、ただそこにおいでになるお方、イエスでした。シモンは知りませんでしたが、これより前に、誰も一顧だにしなかったこの罪の女に、イエスは「罪のゆるし」のことばをかけておられました。イエスは、このお方以外に生きている理由を見出せない彼女の救い主でした。

女は、寝椅子に身体を横たえておられるイエスの足のそばに後ろからそっと近づきます。そしてそこに腰を落とし、その足に顔を近づけます。彼女は泣いています。その両目からあふれ出る涙が、ハラハラとイエスの足に注がれます。彼女はその濡れた足を自分の長い髪で丁寧にぬぐいます。そして、口をつけて、何度も何度も、きっと感謝の嗚咽と共に、口づけを繰り返します。そして、持ってきた石膏のつぼを傾けて、香油をイエスの足に注ぎました。イエスはそれを静かに受けておられました。

ふたりの負債者のたとえ

イエスを招いたパリサイ人がそれを見て、心の中で言った、「もしこの人が預言者であるなら、自分にさわっている女がだれだか、どんな女かわかるはずだ。それは罪の女なのだから」

そこでイエスは彼にむかって言われた、「シモン、あなたに言うことがある」。彼は「先生、おっしゃってください」と言った。イエスが言われた、「ある金貸しに金をかりた人がふたりいたが、ひとりは五百デナリ、もうひとりは五十デナリを借りていた。ところが、返すことができなかったので、彼はふたり共ゆるしてやった。このふたりのうちで、どちらが彼を多く愛するだろうか」。シモンが答えて言った、「多くゆるしてもらったほうだと思います」。イエスが言われた、「あなたの判断は正しい」

（ルカ七の三九〜四三）

この家の主人であるパリサイ人シモンは、この町の者は誰でも知っている「罪の女」の行動を、まゆをひそめて見ていました。彼はこころの中で考えます。「もしこの人が預言者であるなら、自分にさわっている女がだれだか、どんな女かわかるはずだ。それは罪の女なのだから」。もし預言者、神から来た人であれば、このような汚れた者を自分に近づけるはずはない。遊女が自分に触れることをゆるされるはずはない。罪人は聖なる方に触れてはならないのだ。女性が自分に触れるのをそのままにしておられるイエスを、シモンは疑念と不信の目で見ていました。

イエスはシモンに「あなたに言うことがある」と言われます。シモンは「おっしゃってください」と応えます。イエスは一つのたとえ話を語り始めました。女性のこころに深く湧き出る涙の理由は何なのか、それに比べて、彼女を批判的に見ている冷たい自分はどういう人間なのかと、パリサイ人のこころの深層に語りかける永遠の神のことばでした。

「ある金貸しに金をかりた人がふたりいたが、ひとりは五百デナリ、もうひとりは五十デナリを借りていた。ところが、返すことができなかったので、彼はふたり共ゆるしてやった」。デナリとは当時の銀貨で、労働者の一日分の報酬でした。一方は他方の一〇倍も大きい負債で、それを、両方とも、金貸しはゆるしてあげるのです。

イエスは聞かれます。「このふたりのうちで、どちらが彼を多く愛するだろうか」。シモンは答えます。「多くゆるしてもらったほうだと思います」。イエスは言われます、

「あなたの判断は正しい」。もちろんイエスが語られるのは、金銭のことではなく、人が罪の存在として持つ神への罪の負債のことで、決して返済できないものです。それゆえ、憐れみの神はそれをすべておゆるしになります。人はそれをどのように受けるのでしょうか。

「この女を見ないか」

それから女の方に振り向いて、シモンに言われた、「この女を見ないか。わたしがあなたの家にはいってきた時に、あなたは足を洗う水をくれなかった。ところが、この女は涙でわたしの足をぬらし、髪の毛でふいてくれた。あなたはわたしに接吻をしてくれなかったが、彼女はわたしが家にはいった時から、わたしの足に接吻をしてやまなかった。あなたはわたしの頭に油を塗ってくれなかったが、彼女はわたしの足に香油を塗ってくれた。それであなたに言うが、この女は多く愛したから、その多くの罪はゆるされているのである。少しだけゆるされた者は、少しだけしか愛さない」

そして女に、「あなたの罪はゆるされた」と言われた。すると同席の者たちが心の中で言いはじめた、「罪をゆるすことさえするこの人は、いったい、何者だろう」。し

かし、イエスは女にむかって言われた、「あなたの信仰があなたを救ったのです。安心して行きなさい」（ルカ七の四四〜五〇）

イエスは女性を振り向き、シモンに言われます、「この女を見ないか」。イエスは、このたとえを女性とシモンに適用して言われます。あなたは私が来たとき、私の足を洗う礼儀の水もくれず、挨拶の頰への口づけもせず、頭には香油より安価な油さえ塗ってくれなかった。ところが、この女性は、あふれる涙で私の足を洗い、自分の大事な髪の毛でぬぐい、私の足に何度も口づけをしてくれた。そして、高価な香油を私の頭ではなく、足に注いでくれたのだ。

「それであなたに言うが、この女は多く愛したから、その多くの罪はゆるされているのである。少しだけゆるされた者は、少しだけしか愛さない」。あなたはこの女性は罪深い者なので神のもとに来ることはできないと思っている。しかし、この女性の愛がこんなに深いのは、その罪がどんなに深くても、それがすでにゆるされているからではないか。

あなたは自分の罪は多くないと思っているだろう。それだからゆるすために私が来ても、私をこれほど愛してくれなかった。本当はあなたの罪はこの女性より軽いことはない。人の罪は決して返せないほど重いものである。それを知らないあなたは女性よりもっと罪がある。あなたはこの女性と同じように涙をもって私に感謝を示すべきではないのか。

イエスは女性に「あなたの罪はゆるされた」と言われました。原語の完了形動詞に即して訳すと、「あなたの罪はゆるされています」と、既にゆるされている救いの事実の確証を与えられたのです。そして言われました、「あなたの信仰があなたを救ったのです。安心して行きなさい」

この「罪の女」は、私たち一人ひとりを最も深いレベルで代表しています。私たちの罪の深さ、罪をゆるされる神の愛の深さ、それゆえに捧げるべき私たちの感謝の深さが、この人を通して語られています。

14　種まく人のたとえ

ミレー「種をまく人」

山梨県立美術館に有名な一九世紀の農民画家ミレーの傑作が収められています。「種をまく人」です。農夫であった父の働く姿を見ながら描いたそうですが、その背景にはイエスの語られた「種まく人」のたとえがあったのではと言われています。またこの絵からとったデザインは、岩波書店のシンボルマークにもなっています。岩波書店は、立憲主義、民主主義に基づく大正デモクラシーと言われた時代に哲学、論理、倫理を背景にしたしっかりした「ことば」を提供しようとの創業精神の上に建てられた出版社ですが、それを象徴するものとして、神のことばをまく人のデザインを使ったことは意味深いことでした。

イエスはユダヤ北方のガリラヤ地方で、その地域の町々を巡り歩いて「神の国の福音」を宣べ伝えて行かれました。それは、堕罪により人間から失われた神の国をもう一度回復し、罪人を招くという恵みの良い知らせです。メシヤは神の国を来らせる者ですが、そのメシヤがすでに到来したことで、神の国が始まっているのだというメッセージが語られたのです。

たとえで

さて、大ぜいの群衆が集まり、その上、町々からの人たちがイエスのところに、ぞくぞくと押し寄せてきたので、一つの譬で話をされた。（ルカ八の四）

伝道の働きが進められてきたあるとき、イエスのところに大勢の群衆が集まり、あちこちの町々からも人々が話を聞きにきていました。そこでイエスは一つのたとえを話されたと、ルカは書いています。おそらくこれをはじめとするたとえによる話し方はイエスの話を特徴づけるものですが、このたとえとはギリシャ語で「パラボレー」、「並んで投げ出されているもの」という意味で、それとの比較や類推を通し、ある事柄を生き生きとわかるようにするものです。ごく短い一文や一句からなる比喩的なものからもっと長く物語的なものまでありますが、「ルカによる福音書」に多く含まれているのは物語的なたとえです。イエスは、周囲の自然や生活の中で人々が身近に触れるごく平凡な事柄を通して、深遠な神の真理を語られたのです。

イエスがたとえによって語られる理由は、このように、真理を平明に理解しやすくするためでしたが、イエスのたとえの特質はそれを聞く者にその指し示すことを自分で考え、自分のこととして判断し、応答することを求めるものであったと言うことができます。

特に今、イエスがこうしたたとえで語られた背景には、ガリラヤの宣教におけるこの時の状況があったと思われます。イエスが語られる神の国の福音を聞いた人々の応答はさまざまでした。素直に信じてイエスのもとに逃れて慰めと平安を得ている人々、逆に、パリサイ人や律法学者のようにイエスを批判し、逆らう者たち、あるいは、イエスの不思議なわざに魅せられて興奮している人などです。

イエスは、この人々がやがて、真剣に自分の立場を明らかにしなければならない危機的な時が来ることをご存じでした。バプテスマのヨハネは獄に捕らわれていて、ほどなく斬首されます。イエスご自身も十字架への道を一歩一歩辿っておられました。人々が注意深くそのことばを聞いて、自分でその信じるところを確かなものとしていなければ、そうした危機を乗り越えることはできないことをイエスは知っておられました。

種が落ちた場所

「種まきが種をまきに出て行った。まいているうちに、ある種は道ばたに落ち、踏みつけられ、そして空の鳥に食べられてしまった。ほかの種は岩の上に落ち、はえはしたが水気がないので枯れてしまった。ほかの種は、いばらの間に落ちたので、いばらも一緒に茂ってきて、それをふさいでしまった。ところが、ほかの種は良い地に落ちたので、はえ育って百倍もの実を結んだ」。こう語られたのち、声をあげて「聞く耳のある者は聞くが良い」と言われた。

（ルカ八の四〜八）

イエスが群衆に話をされたとき、人々が見ている光景の中に、畑で種をまく人の姿があったと思われます。当時のパレスチナではミレーの「種をまく人」の絵にあるように、農夫は、身体の前に種の袋を結びつけ、そこから大掴みにとった種を、一歩ごとに大きく腕を振って左右に振りまいていくのです。

こうしてまいた種の一部は、畑の端や真ん中を通る歩道の上に落ちました。すると、それを待っていたかのようにすぐ鳥が舞い降りてきて、それをついばむのです。また振りまく種は、薄い土の層の岩だらけの土地にも落ちるでしょう。それは、すぐ芽を出しますが、土の浅い岩地ですので、根を深く下ろすことはできません。パレスチナの暑い陽が昇るとすぐ枯れてしまいます。あるいは、雑草がはびこる土地に飛んでいく種もあるでしょう。芽はすぐ出てきますが、生命力の強い雑草やいばらも同じように生え出て、その折角伸びた芽を塞いでしまうのです。

最後に、もちろん多くの種はそうした問題のない耕地の上に落ちました。そこは土が深く雑草もありませんので、根を深く降ろして、日光と水分と栄養を十分にとり、どんどん成長して、その実は百倍にもなっていくのです。そしてイエスは、「耳のある者は聞きなさい」と、このたとえの決定的な重要性に聴衆の注意を喚起するのです。

たとえの意味

この譬はこういう意味である。種は神の言である。道ばたに落ちたのは、聞いたのち、信じることも救われることもないように、悪魔によってその心から御言が奪い取られる人たちのことである。岩の上に落ちたのは、御言を聞いた時には喜んで受けいれるが、根が無いので、しばらくは信じていても、試錬の時が来ると、信仰を捨てる人たちのことである。いばらの中に落ちたのは、聞いてから日を過ごすうちに、生活の心づかいや富や快楽にふさがれて、実の熟するまでにならない人たちのことである。良い地に落ちたのは、御言を聞いたのち、これを正しい良い心でしっかりと守り、耐え忍んで実を結ぶに至る人たちのことである。

（ルカ八の一一〜一五）

弟子たちが、この「種まく人」のたとえでまず思い巡らしたであろうことは、預言者たちがやがて来るメシヤの新しい時代について語ったときに、その活動を「種まく人」として描いていたということです。イエスは、このたとえが神の国についてであり、このことばを話している私こそ、いのちの種をまくメシヤであることを示そうとしていたのです。

この種まく人のたとえの語るところは、このように、神の国の到来とその成長についてです。まかれた種はいろいろな障害を乗り越えて、百倍もの実を結ぶように大きく成長していきます。弟子たちはこのたとえで多くの妨げの中でも、信じて受け入れるなら成長を期すことができ、決して恐れる必要はないことを約束されていました。

このたとえは、また同時に神の国のことばの聞き方についてのたとえです。この四つの土壌は、神に対する人間の応答のすべてを表しています。種はもちろん神のことばであり、人間に対する神の深い恵みの配慮とご意志の表明です。このことばはどの人のこころにも同じような力を持って落ちてきます。しかし、そのみことばがどのようなこころの土壌に落ちるかがその成長を決めるのです。

ある者は儀礼的に一応聞くかもしれません。しかし、道端のようにそのこころは固くて神のことばを受けつけません。不注意に聞く場合も、右の耳から入って左の耳から出ていきます。そのような種はこころに残ることなく消えていきます。あるいは、ただ表面的に感動してすぐ受け入れても、やがてそのために困難が生じるとその受け入れは長続きしません。また二心の聞き方もあります。肯定的に受け入れても、富や楽しみや名誉やそのほか多くの事柄がそのこころを奪い、芽生えたものを押しつぶしてしまいます。

しかし、聞く事柄が自分や愛する者にとって生死に関わる重大なことであると知れば、ほかの何物もその関心を奪うことはありません。良いこころで聞くということは、このように、みことばが自分にとって不可欠なことと知って、こころを傾けて注意深く聞き、それを信じて受け入れることです。

そしてこの四番目の土壌のこころにおいてだけ、神の国の福音は信じられ、理解され、成長していきます。そして、そのこころだけが、危機の時に死をも越えて主と共に十字架を負って歩ませる力になるのです。

このたとえは、それを聞く一人ひとりに、自分の土壌はどのようなものかを問わせます。硬い土地か、あるいは浅い地、荒れた地でしょうか。それとも良い土でしょうか。たとえを聞いた弟子たちはそう自らに問いつつ、みことばにこころを傾ける必要性と重要性を改めて覚えつつ、いっそう近くイエスのもとに赴いて行きます。

15　五千人の給食

三光塾

太平洋戦争の敗戦で、日本社会は混乱を極めていました。多くの戦争犠牲者が生まれ、戦災孤児、引揚孤児と呼ばれる子どもたちが巷に溢れていました。こうした数千の孤児たちを養い育てるために、側垣基雄牧師は自らも戦禍で全財産を失った身でしたが、孤児たちを養われる神への信仰によって、児童擁護施設「三光塾」を創設しました。その事業を始めた心境をこのように述べています。

「戦争の結果、目もあてられぬ冷厳な運命の下に曝され、いためつけられ、さいなまれておる多数の犠牲者の中で、最も惨鼻をきわめたものは、何といっても両親を奪われ家庭を失った雨露をさくる所もなく、飢餓線上をさまようておる数千の児童である。……自分も同じ戦禍に全てを焼かれ身一つ全くの無一文、裸一貫で逃れたもの、どうしようもない。心はただあせる許りであった。

しかし、自分は神の愛に生くる者であり、この悲惨な小さい同胞を忘れ給わざる愛隣慈愛の神は之に救いの聖手をのべて下さるにちがいないと御神の約束を信じて、何ら躊躇するに及ばない、やれと自ら励まし……」⑮

十二使徒の派遣

「ルカによる福音書」の構成において、ガリラヤにおけるイエスの働きは終わりに近づいていました。もうしばらくこの地域で働かれたあと、一転して南方に向かい、エルサレムでの働きの完成へと向かっていくことになります。

そうした時に、その使命の達成にできるだけ多くの人々を備えさせるため、広く人々のこころに福音のことばを伝えさせようと、イエスは先に使徒と名づけていた一二人の弟子たちに、悪霊を追い出し、病をいやす権威と力を与えて、特別に遣わされました。やがて、イエスが受難と復活、そして昇天されて去られたあと、この使徒たちは、全世界に伝道していく教会の核になる人たちでした。彼らは今、こうして訓練を受け、どのように福音を語っていくべきか、どのように人々に接していくべきか、を学んでいくのです。

ベツサイダの近くの寂しいところで

使徒たちは帰ってきて、自分たちのしたことをすべてイエスに話した。それからイエスは彼らを連れて、ベツサイダという町へひそかに退かれた。ところが群衆がそれと知って、ついてきたので、これを迎えて神の国のことを語り聞かせ、また治療を要する人たちをいやされた。それから日が傾きかけたので、十二弟子がイエスのもとにきて言った、「群衆を解散して、まわりの村々や部落へ行って宿を取り、食物を手にいれるようにさせてください。わたしたちはこんな寂しい所にきているのですから」

（ルカ九の一〇～一二）

使徒たちの報告を受けたイエスは、休息のためにも、落ち着いた教育のためにもと、ガリラヤ湖東岸、ベツサイダという町の近くの人里離れた寂しいところに退かれました。するとイエスを求めて群衆が集まってきましたので、イエスは休むこともなく、神の国のことを語り、病気の人々をいやされました。

やがて日が傾き始めました。群衆の多くは十分な食事もなく、近くや遠くから集まってきていました。長い時間の間に空腹と疲労もつのり、このままだと、人々はそのまま露天で夜を過ごすことになることは明らかでした。弟子たちはこの様子を見て、イエスのもとに来て、ここで群衆を解散させ、周囲の村々で宿と食事を取るようにさせることを提案します。

あなたがたの手で食物をやりなさい

しかしイエスは言われた、「あなたがたの手で食物をやりなさい」。彼らは言った、「わたしたちにはパン五つと魚二ひきしかありません、この大ぜいの人のために食物を買いに行くかしなければ」。というのは、男が五千人ばかりもいたからである。しかしイエスは弟子たちに言われた、「人々をおおよそ五十人ずつの組にして、すわらせなさい」。彼らはそのとおりにして、みんなをすわらせた。イエスは五つのパンと二ひきの魚とを手に取り、天を仰いでそれを祝福してさき、弟子たちにわたして群衆に配らせた。みんなの者は食べて満腹した。そして、その余りくずを集めたら、十二かごあった。

(ルカ九の一三〜一七)

イエスは全く思いもかけず、「あなたがたの手で食物を与えなさい」と言われました。

弟子たちが人々の間に入って調べると「パン五つと魚二ひき」しかありません。ここは寂しいところで、どこかで買ってきて（男性だけで五千人、女性、子どもも入れると一万五千人にものぼったかもしれない）大群衆に食べさせることは全く不可能でした。

しかし、イエスは弟子たちに人々を五〇人ずつ組にして座らせるように言われます。多くの奇跡のわざを見てきた弟子たちにも、これほどの大勢の群衆に何をなされるのか、想像もつきません。けれども、イエスのことばには何かあると感じながら、言われるままに人々を座らせました。

イエスは天を仰いで、祝福の祈りを捧げ、自分の手にしたパンと魚を裂き、弟子たちに渡されます。弟子たちはそれを受け取り、集まったそれぞれの組に手渡していくのです。ここに「渡して」と訳されたギリシャ語の動詞はその動作の継続を示す語法が使われていて、他の動詞がすべて一回的動作を示す中で注目に値します。つまり、「渡し続けられた」のです。

弟子たちにとって、イエスの手のうちで起こっていることは全く驚くべきことでした。その手にあるパン、あるいは、魚が裂かれても、また、瞬時に増えて、それがまた裂かれて、渡されていくのです。五つのパンと二匹の魚が、こうして、自然の法則を超え、万物を統御される方の手によって、この大群衆のそれぞれのもとに配布されていったのです。皆が十分に食べたあとに、残ったものを集めると一二のかごにいっぱいになったと記されています。

メシヤ時代の到来

この五千人の給食と言われる奇跡は、四福音書全部に書かれている唯一の奇跡で、この出来事の重要性を物語るものです。イエスはこれまで病気をいやし、死人をよみがえらせ、いろいろな苦しみから人々を解放してこられました。ここに働かれたみわざは、神は生きるための基本的な必要を満たし、社会の至るところにいる貧しく飢える人々を顧みられる憐れみの方であることを強く示していました。しかし、それだけではなく、この出来事は、イエスが約束されたメシヤであることを示す特別のしるしでもありました。

聖書には、メシヤは、昔エジプトの奴隷の地よりイスラエルを脱出させたモーセのような方だと言われていました。モーセはエジプトを出て、男子の数六〇万という大群衆を連れて荒野を通りましたが、神の指示により天から露のように降りたマナという特別な食物をもって民を養ったと書かれています。イエスの人里離れた寂しいところでの荘厳な給食は、このモーセによる荒野での民の養いを思い起こさせます。そして、それこそ、イエスがモーセのような方として来ると預言されたメシヤであることを示しています。

また聖書にはメシヤの救いの日には、すべての人の飢えと渇きは全く除かれ、また、神は多くの民のために祝宴を開かれる言われていました。ユダヤ人はメシヤの日を宴会の比喩で考えて、イエスご自身、神の国のたとえとして「盛大な晩餐会」を語り、また、「神の国で宴会の席」に着くことなども語られました。今、ここにある五千人の人々のための輝かしい給食の光景は、このイエスが、約束されたメシヤであることを背後にはっきりと示すものでした。

いのちのパン

さらに、ルカがこの出来事を語ることばの使い方は、この出来事の奥に込められたさらに深い意味を示唆していると考えられています。「手に取り」「祝福して」「さき」「わたして」などのことばは、イエスが十字架の上で裂かれた身体と流された血を象徴するパンとぶどう液をもって制定された聖餐《せいさん》式という儀式に用いられたことばです。

ローマ時代の地下墳墓の壁に描かれた聖餐式の絵の中に、魚も描いてあるものがあるそうですが、興味深いところです。五つのパンと二匹の魚を裂いて大群衆を養われたこの給食の奥には、「わたしが命のパンである」(ヨハネ六の三五)と言われたイエスの犠牲による救いの奥義が、聖餐式の先取りという形で深く示唆されていると言えます。

この荘厳な超自然の権能の大いなる表れの奇跡は、使徒たちのこころに深く刻まれました。この奇跡はイエスが救い主であることを示しただけでなく、そのみ手の中で裂かれ、増え、群衆に提供されたパンがご自身を裂かれた救い主イエスご自身であること、その救いがイエスの十字架の犠牲によるものであったことを、やがて聖餐式において振り返らせる意味の深い奇跡でした。そしてそれは、同時に、そのイエスを伝える宣教のモデルの意も込められた出来事でした。この出来事の中で、群衆を養われる神のみ手に自らも引き入れられて人々に仕えたこの経験は、イエスの昇天後に世界宣教に遣わされる使徒たちにとって、非常に大きな重要な学びとなったのです。この給食の奇跡は、人々を養うことはただ神のみにできることであり、その神のみ手からいのちのパンを受けた人々だけがそれを与えて他者に仕えることができると教えています。

16　あなたは私を誰と信じるか

わたしはキリストをしんじる

前にもご紹介したクリスチャン詩人八木重吉さんは、その短い生涯の中で人々のこころを打つ多くの詩を遺しました。そして、その根底には彼のそうした生を内から支えた信仰がありました。その詩は「信仰の表白」であったと言われます。八木さんは自分の死を前にして、信じることを真剣に問い、確かな信仰を求め、唯一の希望として信仰を告白しました。

わたしは
キリストをしんじる
しかしながら
わたし自らが
乞食のようになって

それでうれしい日がくるまでは
たからかにさけべない

何の疑もなく
こんな者でも
たしかに救って下さると信ずれば
ただあり難し
生きる張合がしぜんにわいてくる

信ずる者が
自分の信を信ぜぬ時
私はもはや生を信じ得ない

これ以上の怖れがあろうか
死ぬるまでに
死をよろこび迎えるだけの信仰が出来ぬこと

これにました怖れがあろうか
死んでもいいのだ
安らかに死んでゆけるものなら
いつ死んでもいいのだ⑯

クライマックス

イエスがひとりで祈っておられたとき、弟子たちが近くにいたので、彼らに尋ねて言われた、「群衆はわたしをだれと言っているか」。彼らは答えて言った、「バプテスマのヨハネだと、言っています。しかしほかの人たちは、エリヤだと言い、また昔の預言者のひとりが復活したのだと、言っている者もあります」。彼らに言われた、「それでは、あなたがたはわたしをだれと言うか」。ペテロが答えて言った、「神のキリストです」

（ルカ九の一八〜二〇）

ルカは、イエスの福音の物語を秩序正しく書き綴ってきました。ナザレの会堂においてメシヤ預言はここに成就したとメシヤの世の到来が宣言されてから、ガリラヤにおける伝道が続けられてきました。そして、それは、ルカ九章においてクライマックスに至り、ガリラヤ伝道は締めくくられていきます。

伝道が始められてから多くの人々がイエスのもとに集まってきました。初めのころは、イエスがメシヤではないだろうかとの期待に胸を膨らませていました。しかし、このころになると、特にいやしや奇跡などの外面的な力の現れに関心があった人たちは、イエスが期待したようにこの世の支配を一向に始めようとされないのを見て、イエスをメシヤとして受け入れることを拒み、このあと、彼から離れていくことになります。

こうした時にイエスは弟子たちと共に、ガリラヤの北方、ヘルモン山南麓の、緑と水の豊かな地方に行かれました。ほかの福音書にはピリポ・カイザリヤと呼ばれています。そこでイエスは静かなところに退き、祈っておられます。「ルカによる福音書」の特徴の一つは「祈るイエス」を描いていることです。そしてそれは、イエスのバプテスマ、十二弟子の選びなど、物語の展開の重要な局面で特に明らかです。この場合も、このあと非常に重要な核心的展開が起こります。

信仰告白

イエスは弟子たちに尋ねられます。「群衆はわたしをだれと言っているか」。弟子たちは答えます。「バプテスマのヨハネだと、言っています」。ヘロデ王に首を切られたバプテスマのヨハネが復活したのだというのです。「ほかの人たちは、エリヤだと言い、また昔の預言者の一人が復活したのだと、言っている者もあります」。メシヤに先駆けて現れると言われたエリヤ、あるいはほかの復活した預言者であると、人々は考えていました。

イエスは、じっと弟子たちを見つめながら、救いの核心に触れる重要な質問をされます。「それでは、あなたがたはわたしをだれと言うか」。他の人々はどう考えてもいい、あなたがたは、私が誰であると信じるのか。イエスをいかなる方として信じるか、まことにこれは永遠に関わる問いであり、人類の救いは実にこの答えにかかっていたのです。ペテロは弟子たちを代表して答えます。「神のキリストです」（マタイでは「あなたこそ、生ける神の子キリストです」）。これこそ、人の救いの唯一の基、また、キリスト教会のまことの土台とされる「信仰告白」です。

「キリスト」とは、これまで再三触れてきたように「メシヤ／ヘブライ語」（油注がれた者）のギリシャ語訳で、聖書に約束された「救い主」のことです。聖書によると、人類は神によって永遠のいのちを持つ人格として創造されましたが、エデンにおいて罪を犯し、そのいのちと祝福を失いました。しかし、神は罪に堕ちた人類を憐れみ、もう一度、いのちに回復しようと望まれ、「目がまだ見ず、耳がまだ聞かず、人の心に思い浮びもしなかった」（Ⅰコリント二の九）と聖書にある救いを用意されます。神の子ご自身が人の世に救い主として来るという約束です。

指導者たちの影響下でイスラエルの人々は、メシヤをローマから民を解放する政治的社会的な救い主と考え、人間を苦しめるあらゆる抑圧と苦しみの原因である「罪」とそれゆえの「死」からの救い主とは考えませんでした。またそうした救いの必要も感じなかった彼らは、イエスをメシヤとして受け入れることができなかったのです。

ペテロはイエスを知っていました。イエスは自分という愚かな人間をよく知り、そのこころにのしかかる重荷、弱さ、足りなさ、罪の一切を知っておられました。イエスは、そういうペテロをあるがままに受け入れて、弟子に召された方です。ゆるしを求めるペテロのこころの奥深くで、あなたの罪をゆるしますとのイエスの声がいつも聞こえていました。イエスから離れてペテロは生きることができません。彼はユダヤ人たちの願うメシヤではありませんでした。しかし、本当のメシヤ以外のどなたでもなかったのです。罪に堕ちた人間を永遠のいのちに救い上げられる「神のキリスト」その方でした。

受難の予告

イエスは彼らを戒め、この事をだれにも言うなと命じ、そして言われた、「人の子は必ず多くの苦しみを受け、長老、祭司長、律法学者たちに捨てられ、また殺され、そして三日目によみがえる」。それから、みんなの者に言われた、「だれでもわたしについてきたいと思うなら、自分を捨て、日々自分の十字架を負うて、わたしに従ってきなさい。自分の命を救おうと思う者はそれを失い、わたしのために自分の命を失う者は、それを救うであろう」（ルカ九の二一～二四）

イエスは、ここで、弟子たちが考えもしなかったことを初めて語り始められます。彼らはこれをどのように受け止めたらいいのかわかりません。どうしてそんなことがありうるのでしょうか。イエスご自身の受難の予告です。「人の子は必ず多くの苦しみを受け、長老、祭司長、律法学者たちに捨てられ、また殺され、そして三日目によみがえる」

イエスが予告された受難は、十字架という過酷極まりない苦しみの道具による刑死でした。多くの場合、十文字に組んだごつごつした杭の上に犯罪人を釘づけるという残酷なものです。イエスは「必ず多くの苦しみを受け」と言われます。どうしてでしょうか。イエスがメシヤであればなぜ、ユダヤ当局に渡され、殺されるということが起こりうるのでしょうか。イエスは、「この事をだれにも言うな」と命じられました。それは、弟子たちにはもちろん、人間にはまだ決して理解できないメシヤの秘密、聖書にある「神の中に世々隠されていた奥義」に属することであったからです。

続いて、イエスは語られます。「だれでもわたしについてきたいと思うなら、自分を捨て、日々自分の十字架を負うて、わたしに従ってきなさい」。十字架刑の囚人が刑場まで背負わされた十字架を例に取り、イエスは信仰を告白する者は、また、その救い主の隠された道をも歩むことになると、弟子の道を教えられたのです。

十字架の道

弟子たちは、その時、イエスが歩んで行こうとされる道を理解することができませんでした。それは人々の罪を負って身代わりになり、永遠に人の滅びを引き受けていかれる受難のメシヤの道でした。そして、そこに深く秘められていたのは、そこにおいてのみ、神の救いのみわざが完成する永遠の「神の真実」でした。

ペテロはイエスを「神のキリスト」と告白しました。弟子たちはこれからそのイエスの受難の姿に直面していきます。人間の弱さのゆえに、その信仰のこころは動揺するかもしれません。実際には、イエスの復活によって立ち直っていくのですが、実にその十字架のゆえにこそ、彼らは救いの信仰の絶対の確証を得ていくのです。信仰は神の真実に引き寄せられて生まれるものです。ペテロの信仰告白は、神の永遠の真実に出会い、いよいよ深められて、不動のものとなっていくのです。

第三部

17　変貌《へんぼう》の山

　これらのことを話された後、八日ほどたってから、イエスはペテロ、ヨハネ、ヤコブを連れて、祈るために山に登られた。祈っておられる間に、み顔の様が変り、み衣がまばゆいほどに白く輝いた。すると見よ、ふたりの人がイエスと語り合っていた。それはモーセとエリヤであったが、栄光の中に現れて、イエスがエルサレムで遂げようとする最後のことについて話していたのである。

（ルカ九の二八〜三一）

集中構造

　古代の文学では、意味を鮮明にしたり、中心点を明示するためにいろいろな構造上の工夫がなされています。その一つに集中構造と呼ばれるものがあり、旧新約聖書にも随所に見られます。A－B－C－核－C'－B'－A'という具合に、その中心の核になることばや句、あるいは文の前後に、対称的に、互いに対応することばや句を配置していくものです。対応が核に収斂《しゅうれん》し、外側から核に向かって集中するので集中構造と呼ばれています。

「順序正しく」書き綴られたという「ルカによる福音書」は、その随所に集中構造が見られます。興味深いのは、実は、福音書全体も一つの集中構造で書かれているという指摘です。それによると、冒頭の章句の「祈っておられる間に、み顔の様が変り、み衣がまばゆいほどに白く輝いた」(二九節)が、「ルカによる福音書」全体の中心、核にあたります。

つまりこの「変貌の山」と言われている出来事にルカは全書の中心を置いているということになります。意味的には、この出来事はペテロによる信仰告白とペアになっているもので、そのイエスに対する信仰告白を、この上なく確実に、永遠の栄光の顕現をもって確証するものでした。

これらのことを話されてから

前章で取り上げたように、ピリポ・カイザリヤで、ペテロは、弟子たちを代表して、イエスに対する信仰を告白しました。あなたは「神のキリストです」。彼らはイエスのなされたいやしや奇跡の力の示威によらず、こころの奥深く語りかけられる救いのみことばを聞き、その方の真実を信じて告白したのです。

イエスはそこで「人の子は必ず多くの苦しみを受け、……殺され、そして三日目によみがえる」とご自分の受難について予告されました。弟子たちは、驚き、いぶかり、悩みましたが、「よみがえり」のことはわかりませんでした。

そのあとに、栄光の神の国の到来にも触れて、「神の国を見るまでは、死を味わわない者が、ここに立っている者の中にいる」(ルカ九の二七)と不思議なことを言われました。その後すぐに三人の弟子が経験する神の栄光の顕現について語られたのであろうと考えられます。

み顔の様が変わり

イエスはそれから八日目に、ペテロ、ヨハネ、ヤコブを連れて山に登られます。その山は、ガリラヤ北部レバノンのヘルモン山ではないかと言われています。重要な局面で常にそうであるように、ここでもイエスは祈っておられます。やがて来る受難に備え、動揺する弟子たちもこの試練に耐えられるように、告白した信仰が確かなものとなるように祈られたのでしょう。

夕べの日は落ちて暗闇があたりを包む中に、不思議な栄光の光があたりに顕れます。「祈っておられる間に、み顔の様が変り、み衣がまばゆいほどに白く輝いた」。マタイは「その顔は日のように輝き、その衣は光のように白くなった」（マタイ一七の二）と書いています。どのようにしてこのようなことが起こったのか、起こりうるのか、ここに私たちは説明を求めることはできません。ただ、歴史のこの時に生起した神の神秘的な栄光の顕現の前に、ただ黙してひれ伏すのみです。

祈りのうちに疲れて眠っていた弟子たちが目を覚ますと、全くの驚愕《きょうがく》の光景がそこにありました。変貌した栄光の姿のイエスがそこにおられ、ふたりの人モーセとエリヤが現れ、イエスと語り合っていたのです。モーセはエジプトの奴隷生活から民を解放し、神からの律法を与えた人で、死後によみがえらされたと聖書に示唆されています。預言者を代表するエリヤは、死を見ずに天に上げられたと書かれている人です。

イエスが遂げようとしておられた最後のこと

ルカは、イエスがその受難にも関わらずではなく、実にそれゆえにこそメシヤであったことを読者に明らかにしています。「変貌の山」を語る三福音書の中でルカだけが、イエスとふたりの人が語り合っていた内容について述べています。それは「イエスがエルサレムで遂げようとする最後のこと」についてでした。天からの使者であるふたりは、人間の身となってその厳しい道を歩まなければならないイエスを励ましていたのです。

キリストの受難は実に神の計画の中にあって、イエスがこの世に生まれたのはこの最後のためであったことが明らかになります。「ルカによる福音書」は、その核となる部分において、ペテロの信仰の告白に確証を与えると同時に、イエスのメシヤ性の中に受難が本質的に定められていることを語っているのです。

この「最後」と訳されているギリシャ語は、「出口」、「逝去」などという意味の「エクソドス」で、七十人訳聖書（ギリシャ語訳の旧約聖書）のエジプトからのモーセによる脱出を記す「出エジプト記」の題名になっています。ルカはこのことばの中に、出エジプトがその予型であった人類の滅びからの脱出を、救いのためにイエスが成し遂げるべきことや通るべき道を含ませていると思われます。

出エジプトの救いのために小羊が捧げられたように、まことの救い主は人類の罪を負うまことの犠牲となって死に、人類の救いのみわざを成し遂げられます。そしてその滅びからの脱出の保証としてイエスご自身が復活されるのです。

こうしてその最後とは、まず「十字架の死」を意味し、その奥に本当の出エジプト、つまり、滅びと死よりの脱出、その保証としての「復活」を意味しています。そしてさらにその奥に、救いの完成としての「神の国」という脱出先も視野に入れる非常に意味深い表現となっています。

これはわたしの子、これに聞け

ペテロとその仲間の者たちとは熟睡していたが、目をさますと、イエスの栄光の姿と、共に立っているふたりの人とを見た。このふたりがイエスを離れ去ろうとしたとき、ペテロは自分が何を言っているのかわからないで、イエスに言った、「先生、わたしたちがここにいるのは、すばらしいことです。それで、わたしたちは小屋を三つ建てましょう。一つはあなたのために、一つはモーセのために、一つはエリヤのために」

彼がこう言っている間に、雲がわき起って彼らをおおいはじめた。そしてその雲に囲まれたとき、彼らは恐れた。すると雲の中から声があった、「これはわたしの子、わたしの選んだ者である。これに聞け」。そして声が止んだとき、イエスがひとりだけになっておられた。弟子たちは沈黙を守って、自分たちが見たことについては、そのころだれにも話さなかった。　(ルカ九の三二〜三六)

ペテロは、輝くイエス、モーセとエリヤと共にいることにこころを奪われ、何を言っているのかわからないで、「ここに三人のために小屋を建てましょう」と言います。やがて雲が湧き起こって弟子たちを包むと、恐れる弟子たちに「これはわたしの子、わたしの選んだ者である。これに聞け」という声が聞こえました。イエスのバプテスマの時と同じ、天からの証言です。声がやんで雲が去ると、そこにはイエスが一人でおられ、元の世界に戻っていました。

ペテロはイエスを「神のキリスト」と告白しました。イエスはその時受難の予告をされ、弟子たちは恐れましたが、その告白は今ここに、イエスの神性の輝かしい威光と律法と預言者を代表するふたりの栄光の顕現によって、一片も疑う余地のない絶対の確証を与えられていたのです。イエスは確かに、その受難にも関わらず、「神の子である救い主メシヤ」であられました。

さらに弟子たちが、あとに振り返るべく信仰の確証として見せられていたのは、受難のあとによみがえると言われたイエスの「よみがえり」の姿であり、その現実性です。そしてさらに彼らは、メシヤがやがて最終的に樹立される神の国の現実を、輝かしいイエスとそのそばに立つモーセとエリヤの栄光に満ちた光景のうちに縮図として見せられていたと言うことができます。

「ルカによる福音書」は、この「変貌の山」を分水嶺にしてこれから後半の部分に入って行きます。イエスは「エルサレムへ行こうと決意して、その方へ顔をむけられ」(九の五二)とあります。こうして、イエスは最期を遂げるべきエルサレムに向かって旅をされます。福音書後半のエルサレムに至るまでの旅という大きな段落の枠内に、受難を通って達成されるべきみ国の姿という視点から、特にルカが独自に収集した資料からのイエスの教えやたとえ話などが、適切に組み入れられて語られています。

18　良きサマリヤ人のたとえ

フローレンス・ナイチンゲール

近代看護教育の生みの親、フローレンス・ナイチンゲールは、文字どおり、病める人々に仕える看護の精神に生きた人です。その誕生日五月十二日は「国際看護の日」と定められ、日本でも看護のことを覚える「看護の日」とされています。裕福な家に生まれたナイチンゲールは貧しい農民の悲惨な生活を見て、苦しむ人々に仕えることを志し、当時まだ十分に社会的評価を得ていなかった看護の道に進むことになります。彼女は看護師としてクリミヤ戦争に従軍し、負傷兵の看護に献身し、特に医療衛生改革に基づく近代看護のあり方を打ち立てました。さらに専門的看護教育の必要性を訴え、看護学校の設立に力を尽くすなど、その生涯を看護にささげました。

「クリミヤの天使」と呼ばれた彼女のこころにあった願いのことばがあります。

「神様、あなたは私の心のうちに病める者、悲しむ者に仕えようという大いなる願いをお置きになりました。私はその願いをあなたにささげます。どうか、それをお役に立てて下さい」⑰

米国カリフォルニア州にあるロマリンダ医科大学の庭には、医療看護の世界で人に仕える愛の理念の象徴として、今回取り上げる「良きサマリヤ人」の像が建てられているそうです。

「ルカによる福音書」の後半に置かれたエルサレムへの旅の段落で、イエスの受難によるみ国の姿が描かれていきます。福音書の一〇章に入ると、この福音書のみにある「良きサマリヤ人のたとえ」が語られていて、永遠の国の本質、人の道の根本的あり方を表しています。それは愛であり、憐れみであり、人に仕えることであると語られます。

永遠の生命を得るには

するとそこへ、ある律法学者が現れ、イエスを試みようとして言った、「先生、何をしたら永遠の生命が受けられましょうか」。彼に言われた、「律法にはなんと書いてあるか。あなたはどう読むか」。彼は答えて言った、「『心をつくし、精神をつくし、力をつくし、思いをつくして、主なるあなたの神を愛せよ』。また、『自分を愛するように、あなたの隣り人を愛せよ』とあります」。彼に言われた、「あなたの答は正しい。そのとおり行いなさい。そうすれば、いのちが得られる」。すると彼は自分の立場を弁護しようと思って、イエスに言った、「では、わたしの隣り人とはだれのことですか」

（ルカ一〇の二五～二九）

ある律法学者がイエスに永遠の祝福を得る道について質問しました。当時ユダヤ教の学者たちは聖書（旧約聖書）にある律法の戒めを厳格に守るならばいのちが得られると教えていました。イエスはそれに答えず、逆にその学者に聖書はどのように言っているかとお聞きになります。ほかの学者たちよりも戒めの奥にある精神をよく見ていたと思われるこの律法学者は「神を愛し、隣人を自分のように愛せよ」と答えます。イエスは彼が律法の本質を正しく理解しているのを認め、「そのとおり行いなさい」と言われました。

イエスの教えられるところによれば、律法の精神、その奥にある本質は愛であり、また、聖書全体の要約は、「神への愛、隣人への愛」です。「隣人への愛に表された神への愛」とも言えます。この愛こそ、永遠のいのちにつながるみ国の本質なのです。

しかし、愛はいつも行動を求めます。この要求は人のこころを探ります。律法学者は、自分の実際の姿を見せられてこころを責められました。しかし、彼は、知っているのに行わない自分の立場を弁護しようと、愛すべき隣人とは誰かとの学者の議論を持ち込みます。彼らにとっての隣人とはユダヤ人だけで（当然異邦人は除きますが）、ユダヤ教への改宗者について意見が分かれていました。

エリコに下る道で

イエスが答えて言われた、「ある人がエルサレムからエリコに下って行く途中、強盗どもが彼を襲い、その着物をはぎ取り、傷を負わせ、半殺しにしたまま、逃げ去った。するとたまたま、ひとりの祭司がその道を下ってきたが、この人を見ると、向こう側を通って行った。同様に、レビ人もこの場所にさしかかってきたが、彼を見ると向こう側を通って行った。

ところが、あるサマリヤ人が旅をしてこの人のところを通りかかり、彼を見て気の毒に思い、近寄ってきてその傷にオリブ油とぶどう酒とを注いでほうたいをしてやり、自分の家畜に乗せ、宿屋に連れて行って介抱した。翌日、デナリ二つを取り出して宿屋の主人に手渡し、『この人を見てやってください。費用がよけいにかかったら、帰りがけに、わたしが支払います』と言った」

（ルカ一〇の三〇～三五）

そこでイエスは、よくなさったたように、たとえ話を語られます。「良きサマリヤ人のたとえ」です。エルサレムからエリコに下る約二八キロの岩だらけの坂道で、ある人が強盗に襲われます。打ちたたかれ、瀕死《ひんし》の状態で倒れています。そこに三人の人物が登場します。初めのふたりは祭司とレビ人で、律法に従って率先して愛を実行すべきユダヤ教の聖職者でした。しかし、彼らはこの人を助けることをしないで、関わりを避けて行ってしまいます。ぐずぐずしていると強盗の襲撃を自分たちも受けるかもしれません。倒れて動かないその人はユダヤ人ではないかもしれないし、死者である場合には、接触による汚れを避けなければならないというのが彼らの口実でした。

三人目は前のふたりと対照的な人です。ユダヤ人から異邦人同様に嫌われ、犬猿の仲にあったサマリヤ人です。彼らが嫌悪されたのは、サマリヤを首都とする北部イスラエルがアッシリアに滅ばされたとき、そこに移された他国人との間に生まれた混血の子孫だったからです。隣人とは誰かと尋ねる学者の前に、決して隣人であり得ない人が登場するのです。

このサマリヤ人は、自分が極度に嫌われている地域に入ってきていました。そこに倒れている人を見かけるのです。ユダヤ人であるかもしれません。しかしそんなことを、彼は問題にしません。潜んでいるかも知れない強盗のことも頭にありません。彼のこころにあったのは、ただそこに倒れて傷ついているその人の必要でした。

すぐ上着を脱いでかけてやります。旅の常備品である葡萄酒《ぶどう》で消毒し、痛みをやわらげるオリブ油を塗ってあげます。丁寧に包帯で傷口を覆い、巻いてあげます。そして宿屋まで自分のろばに乗せて運びます。夜中介抱をしてあげて、翌朝、介抱に必要な費用を十分に前払いし、足りない時には帰りに自分が支払うという約束までして、徹底してその人の必要のために心配りをし尽くし、旅発つのです。

誰が隣り人になったか

「この三人のうち、だれが強盗に襲われた人の隣り人になったと思うか」。彼が言った、「その人に慈悲深い行いをした人です」。そこでイエスは言われた、「あなたも行って同じようにしなさい」

（ルカ一〇の三六、三七）

たとえ話の結語としてイエスがされた質問は、隣人についての本質的な問いであり、愛の本質に関わる質問でした。「この三人のうち、だれがこの倒れている人の隣人となったか」。誰が隣人であるかと尋ねた学者に対して、イエスは誰が隣人になったかと問い返されたのです。学者が自分を中心にして相手は隣人にふさわしいかと問うのに、イエスは、その人を中心にしてわたしは隣人にふさわしいかと自問させたのです。律法学者は「その人に慈悲深い行いをした人です」と答えました。

隣り人とは助けを必要としている人すべてです。誰か孤独である人がいるなら、その人こそ、愛すべき隣人であり、泣いている人があれば、その人こそ、慰めるべき隣人なのです。

宮沢賢治の「アメニモマケズ」の詩の一部が思い浮かびます。

東ニ病気ノコドモアレバ
行ッテ看病シテヤリ
西ニツカレタ母アレバ
行ッテソノ稲ノ束ヲ負ヒ
南ニ死ニサウナ人アレバ

行ッテコハガラナクテモイヽトイヒ……

イエスはこのように、このたとえを通して、み国の本質として「愛」を語られます。相手の価値によるのではなく、相手の必要によって動かされます。愛は、あなたは私のためにどうあるかでなく、私はあなたのためにどうあるかを問います。み国においては、私はいつも「あなたのための私」です。

まことの良きサマリヤ人

このたとえ話は、単に一つの倫理的教えとして語られたものではなく、最も深い意味で、イエスご自身について語られたものと理解されています。良きサマリヤ人とはイエスご自身でした。人間は罪のため、深層において本来の愛の姿と能力を失い、存在において瀕死の重傷を負って倒れている者です。

イエスはその様を見て「あわれに思い」、天より降りて人間となり、ご自分の血の葡萄酒と霊の油をもって罪人の傷をいやすため、ご自分のいのちを捧げられたのです。そして、恵みの保証をもって天に帰っておられます。

私たちは、まことの良きサマリヤ人であるイエスが私のために死なれた尊い愛を受けています。それゆえに、私たちも、自分のために生きるのではなく、神のため、また、隣人のために生きるように、求められているのです。

19　なくてならぬもの

現代人への警鐘

ドイツの児童文学者ミヒャエル・エンデが語ったマヤ文明の発掘調査隊の話は、多忙を極め、自分と自分の本当の必要を見失っている現代人への警鐘となっています。調査隊が物品搬送のために雇った現地の人夫たちが不思議な行動を取るのです。荷物を担いで歩いてきた何日目かのこと、突然人夫たちは足を止め、皆そこに座り込んでしまいます。調査隊は立って務めに戻るように命令し、銃で脅しますが、全く動こうとしません。

しかし二日位の後、ふと皆一斉に立ち上がって荷物を担ぎ、歩き始めたのです。不思議に思ってその理由を尋ねると、「自分たちは自分の霊（本当の自分）より早く歩きすぎたので、霊の追いつくのを待っていた」というのです。

私たち、特に現代人は機械文明の進歩のゆえか、いたずらに忙しくし、早く早くと時間を惜しみ、多様な活動に没頭しますが、どこかで本当の自分というものを見失っているように見えます。自分はどうあらねばならないか、自分の本当の必要は何かなど、何よりも大切なこころに関わることを思い量るゆとりを失っています。まさに「忙」の字の意味するとおりです。

イエスは「良きサマリヤ人のたとえ」を通して、神の国の本質は「愛」であると語り、助けや慰めを必要としている人たちのために生きるようにと教えられました。続いてルカが書くのは、イエスがベタニヤの村のふたりの姉妹のもとに行かれた時に語られた「なくてならぬもの」についてですが、それは「なすべき」愛の奉仕の前に「あるべき」自分の姿を静かに顧みる必要があることを教えているものです。

ベタニヤの村で

一同が旅を続けているうちに、イエスがある村へはいられた。するとマルタという名の女がイエスを家に迎え入れた。この女にマリヤという妹がいたが、主の足もとにすわって、御言に聞き入っていた。ところが、マルタは接待のことで忙がしくて心をとりみだし、イエスのところにきて言った、「主よ、妹がわたしだけに接待をさせているのを、なんともお思いになりませんか。わたしの手伝いをするように妹におっしやってください」

（ルカ一〇の三八～四〇）

エルサレムの北方にあるベタニヤという村にマルタとマリヤという姉妹が住んでいました。マルタが姉で、マリヤは妹であったと思われます。イエスとその弟子たちが旅の途中でベタニヤに来られたとき、姉のマルタが彼らを家に招き入れました。この家では近所の人々も一緒になって、イエスと弟子たち一行を迎え、こころを尽くして歓待しようとしたと思われます。

年長でもあったマルタは、きっとこうした接待などのお世話が好きな活動的な女性であったのでしょう。イエスに喜んでいただくために十分な食事を用意しようと、料理に取りかかります。彼女は、おいしい食事を用意する一念でほかのことは考えず、忙しく動き回っていました。

イエスは家に入ってこられると、弟子たちやそこに集う人々に話し始められました。人々はその口から出る恵みのことばを喜んで聞きました。妹のマリヤもその一人でした。マリヤはイエスの足下に座って、イエスを仰いで、一心にそのことばに耳を傾けていました。彼女は、語られる恵みのことばに大きな慰めを受け、そのこころはあふれるばかりの平安で満ちていました。

ふとマルタは、マリヤがそばにいないことに気づきました。多忙な接待の準備のさなか、妹の手伝いが必要なのです。見ればマリヤは、イエスのそばにいて話を聞いています。自分も早く料理の仕度を終えてイエスの話を聞きたいマルタは、何も手伝いをせずに、イエスを独占している妹にいらだちを覚えました。そこで、マルタはイエスのところに来て、「私は忙しいので、妹にも私を手伝うように言ってください」と訴えました。

なくてならぬものは

主は答えて言われた、「マルタよ、マルタよ、あなたは多くのことに心を配って思いわずらっている。しかし、無くてならぬものは多くはない。いや、一つだけである。マリヤはその良い方を選んだのだ。そしてそれは、彼女から取り去ってはならないものである」

（ルカ一〇の四一、四二）

イエスはマルタの訴えを聞き、やさしく、彼女をさとされます。「あなたのもてなしはうれしいけど、多くのことにこころを配りすぎて大事なことを忘れている。なくてならぬものは多くはない。一つだけである。マリヤはここに座って神のことばを聞いているが、妹は良い方を選んだのだ」

イエスのために一生懸命、力を尽くして奉仕していたマルタの行動は、決して必要がなかったとか、問い直されるべきものであったというのではありません。ただ彼女は今「なすべき」活動にこころを配る余り、イエスが求めておられる「あるべき」姿にこころを留め、イエスが聞くようにと願われる「みことば」を聞く余裕を失っていたのです。イエスは、彼女にも奉仕する前にみことばにこころを向けてほしいと思われたのです。

神のことばを聞く

人生にはなすべき活動が多くあります。生活、政治、医療、宗教などの各分野で、「なくてならぬもの」は多くあるように見えます。しかし、イエスは「なくてならぬもの」は多くはなく、しかもそれは「一つだけである」と言われます。

その「一つだけ」のものとは、なくてならぬ一切のものの根底にあって、人間存在に不可欠なものです。最も根源的な必要とも言えます。それは、人は自分で生きているのではなく、神によって生かされているという事実に基づいています。なくてならぬものとは、神に生かされること、そのことにほかなりません。そしてそのためには「神のことば」を聞かなければなりません。神に生かされるのにみことばを聞くことは必須なのです。実際的には、それこそ、なくてならぬものと言えます。

人が神のことばを聞いて知らされるのは、まず、自分の貧しさです。自分の足りなさ、力なさ、もろさ、自分の罪です。そして、みことばはそれゆえに、そうした自分をも憐れまれる愛の神のゆるし、慰めを語ります。みことばは、永遠のいのちを約束し、神の国に生きるべき愛の道を示し、「まず生きて、かく歩め」と告げています。

マリヤのこころ

イエスから「その良い方を選んだ」と言われたマリヤはどうしてこのような選びをしたのでしょうか。この意味深い問いを解くために、ほかの福音書の記述にも照らしてみると、このベタニヤのマリヤは、後にイエスに兄弟ラザロをよみがえらせてもらった女性で、イエスに救われた言い表しようのない深い感謝の思いを表すため、非常に高価なナルドという香油をイエスの足に塗り、自分の髪の毛でぬぐったと書かれています。

ルカによれば、本稿で前にも取り上げたように、「罪の女」と呼ばれる女性がイエスの足に香油を塗り、感謝のこころで流した涙を自分の髪の毛でぬぐっていますが、ナルドの香油を塗ったベタニヤのマリヤが、実はこの罪の女であったということは十分に考えられることです。

また、このベタニヤのマリヤは、マグダラのマリヤと呼ばれている女性とも同一人物であると考えられています。彼女は、どの福音書の中でも、いつもイエスのそば近く登場し、イエスの復活の時には、イエスが最初にご自分を現された人です。ガリラヤ伝道の時にイエスに七つの悪霊を追い出してもらい、弟子になりました。七つの悪霊の七という数字は完全を表す表現です。彼女は悪の支配を受けて、絶望的な深い罪の中に沈んでいたのですが、イエスは彼女を悪霊から解放されました。

マリヤはイエスなしに生きることはできませんでした。イエスのことばが彼女を生かすすべてでした。マリヤはイエスによってその罪をゆるされ、愛されたからです。マリヤのこころにはイエスに対する感謝と愛があふれ、同じように傷ついて愛されなければならない人々に対する愛が生まれていたことでしょう。愛はまず愛されて生まれます。愛の神に動かされて、愛を必要とする人々に向けられ実践されます。このマリヤのイエスなしに生きることはできないという存在の弱さこそ、神の国に生きる人の唯一の足場であり、愛の流れて来る源にあるこころのあるべき姿なのです。

御言葉を下さい

前にも紹介した「瞬《まばた》きの詩人」水野源三さんは、小学生のころの集団赤痢のために全身麻痺になって死にたいと思う絶望の淵にありました。そういう時、差し入れられた黒表紙の聖書を読むことになり、いのちの水を得たように生きる希望を見出しました。洗礼を受けた源三さんは五十音表と瞬きで詩を作り、救いの喜びを伝えていきました。「御言葉」という詩です。

神様
今日も御言葉を下さい
一つだけで結構です
私の心は

小さいですから
沢山いただいても
溢れてしまい
もったいないので⑱

20　主の祈り

日本では祈れない

海外医療協力隊でバングラデシュで医療奉仕をされた宮崎雅医師の講演の中に、「日本に帰って来て一番思うことは、日本では祈れないということです」との述懐があります。かの国では社会の貧困、不安定な政情、医療状況の貧しさなどの中で、祈らざるを得なかったと言います。そこでは人々は飢えていますが、日本は飽食の社会です。しかし、本当は、食物はあっても、人を本当に生かす魂の糧には飢えているのかもしれない。それなのに、それを得るために祈ることを知らないと嘆いておられます。

「主よ、祈ることを教えてください」

また、イエスはある所で祈っておられたが、それが終ったとき、弟子のひとりが言った、「主よ、ヨハネがその弟子たちに教えたように、わたしたちにも祈ることを教えてください」。そこで彼らに言われた、「祈るときには、こう言いなさい、『父よ、御名があがめられますように。御国がきますように。わたしたちの日ごとの食物を、日々お与えください。わたしたちに負債のある者を皆ゆるしますから、わたしたちの罪をもおゆるしください。わたしたちを試みに会わせないでください』」(ルカ一一の一〜四)

戦没学徒兵の遺稿集『きけわだつみのこえ』の中に、あるクリスチャン学生が中国大陸での戦闘の中で厳しい行軍を強いられ、死に直面した極限状況の中で、息子のために祈る母を思いながら、「天にましますわれらの父よ、み名のあがめられんことを／み国の来らんことを……」と、「主の祈り」と言われた祈りを口ずさみながら行軍し、神に力づけられたという手記があります。

キリストは、この「主の祈り」を、弟子たちの「祈ることを教えてください」という要望に応えて教えられました。これは、「マタイによる福音書」(六の九〜一三)にもより整理された形で出てきますが、キリスト教の基本的な最も簡潔で包括的な祈りのことばで、古来教会歴史の中で、洗礼を受けた者を教える「カテキズム」(教理問答書)の中にも取り上げられています。

「ルカによる福音書」の特徴は、重要な局面において「祈るイエス」を特に描いていることです。イエスがバプテスマを受けられるとき、十二弟子を選ばれるとき、変貌の山においてそうしておられます。弟子たちはその姿にいつも接して、平安なこころの満たしを経験しておられるイエスに深い感銘を受けていました。その祈りの前に自分たちの祈りの無力さを痛感した弟子たちは、イエスのところに来て、どのように祈ったら良いのか教えてくださいとお願いします。

父よ（アバ）

「天にいますわれらの父よ」とマタイでは整理されていますが、ルカによる「主の祈り」は、「父よ」という短い呼びかけで始まっています。「父」と訳されている語は、当時ユダヤで日常語として使われたアラム語の「アバ」です。「アバ」はもともと幼児が父親を呼ぶ片言の「お父ちゃん」とでもいう愛称でしたが、ユダヤ社会で父親に対する親密な呼び方として使われていました。

「アバ」は、実はイエスご自身がいつも祈りの中で用いられた神に対する呼称でした。イエスは神を「わたしの父」と呼ばれましたが、このこと自体、途方もないことで、ユダヤ教においてもどこにも見出すことはできません。これは実に「神の子メシヤ」として到来された「子」であるイエスだけのものでした。イエスはご自分に属する独自の祈りの中で、弟子たちにもご自分と同じように「父よ」との呼びかけをゆるされているのです。イエスのもとに集う一人ひとりを、取税人でも、罪人でも、どんなに弱く、罪深い者であっても、神を親しく「アバ、父よ」と呼ぶ「子」の身分に救い入れておられるのです。

み名があがめられますように

ルカによる「主の祈り」は、まず神のみ名とみ国のための祈り、それに続く、日々の糧と罪のゆるし、誘惑からの守りを求める祈りで構成されています。

第一の祈りは「み名」のための祈りで、神と人間との関係を決定する、大黒柱のような基本的祈りです。それは願いというより賛美と言った方がよく、コペルニクス的転回のように、人間の自己（エゴ／ギリシャ語）を中心にした関心、願望、要求を、神を中心にした願い、思い、意思に変えます。また、自己賞揚に陥ることを免れ、「われらの名のためではなく、神のみ名のために」生きることを得させてくださいとの祈りでもあるのです。

御国がきますように

人生には、いろいろと私たちを脅かす脅威の現実があります。苦しみ、悲しみ、不和、痛み、病、死。人間の唯一の本当の希望は人間の手にではなく、ただ神のみ手にあります。人間は神から与えられた楽園を罪によって失いました。み国とは、神が「救い主」によって回復しようとしておられる永遠のいのちの国です。

その救いのいのちのみ国は、本質的にイエスと共にすでに来ています。そのいのちを「今ここ」で豊かに生きることができるように、さらにその救いの完成として約束された栄光に輝く永遠のみ国が早く来ますようにと祈ります。

「マタイによる福音書」では、「みこころが天に行われるとおり、地にも行われますように」との祈りがここで加えられています。み国とは「神の支配」という意味ですが、その支配が地上でもなされ、人のこころの中でもなされるようにとの祈りで、先の祈りの説明とも考えられます。神の支配はそのみ手に全くゆだねようとする無力な者において初めてなされるもので、「みこころを行い得ない私においてあなたがみこころをなしてください」と祈るのです。

日ごとの食物を

主の祈りは、続いて、人間のこの世における実際の必要が満たされるようにと祈ります。ただ、食事だけでなく、衣食住すべてにおいて、必要が満たされ、健康も生活も支えられるようにとの祈りです。

日々の糧に欠乏している人々にとって、この祈りは切実です。しかし、当然のように衣食住を享受している者にもあえて祈りが求められているのは、人の生は決して当たり前ではないという最も貴重な気づきを起こさせるためです。人はただ神によってゆるされ、生かされている者です。食べ物だけでなく、精神的、霊的な糧もすべて神よりいただくのです。

負債のある者を皆ゆるしますから

日々の糧の祈りのあとに人間の持つ最も深刻な必要のための祈りがあります。罪のゆるしの祈りです。罪は人が神に対して持つ負債で、余りにも大きく、決して返済できません。ただゆるしていただくほかはありません。ここでは他人の負債のゆるしが条件になっているのではありません。それは難しいことです。そのような自分も含めて自分の大きな罪をゆるしていただいて初めて、ゆるせるようになります。これは「私たちの罪をゆるしてください、私たちも他人の罪をゆるします」という祈りです。

この祈りを授けられた弟子たちは罪のゆるしをすでに与えられている者です。それでも罪のゆるしを祈り続けるのは、それでも罪を犯し続けるからと言うより、聖なる神の前に私たちが持つ自己存在の罪の深みにいつも気づき、そのゆるしのために降ろされている無限の深い憐れみを覚えて、確かなゆるしの保証を得るためです。

試みに会わせないでください

マタイでは、この祈りに続いて「悪しき者からお救いください」となっています。試みとは悪への誘惑であり、また試練のことです。見えないけれど悪に誘う存在があり、その者の誘いにさらされています。そして私たちは弱さの現実を負っています。この祈りを祈るのは、こう祈らなければ決して勝つことができないほど、私たちが無力であることを忘れないため、こう祈ることによって神によって誘惑に勝利し、試練を通ることができるためです。

「主の祈り」は、こう祈るべきとの定型祈祷文ではなく、イエスの祈りに倣うようにとの模範の祈りです。しかし、それは単なる模範ではなく、イエスに属する者にそのしるしとして与えられたもので、イエスのもとに来る者のための祈りです。寄りすがる者をキリストの救いの中に招き入れ、その救われた者としてのいのちを永遠にまで歩み行かせる、いと小さい者の口に授けられた祈りのことばです。

21　愚かな金持ちのたとえ

死を内在する生

京都の哲学者、文化勲章受章者の梅原猛さんは二度にわたり、ガンを患い、その中より生還しましたが、その経験の中で、この世の生に内在する死を深く洞察しました。その手記に次のようなものがあります。

「私は若き日、戦争を体験し、強く死を思った。そしてその死の世界から生の世界へ帰るのに大変な努力を要した。しかし、その生の世界に慣れて、私は死を忘れていた。二度にわたるガンは、私に生に内在している死を悟らせた。……ガンに襲われてから……幸いにして命を永らえてから、私はいっそう自分の時間を惜しむようになった。今の一刻が黄金のように貴重であり、この一刻を無駄にしてはならない。外のものを追い詰めて、この時間を無駄にするのは愚かなことだと思う」⑲

遺産相続

群衆の中のひとりがイエスに言った、「先生、わたしの兄弟に、遺産を分けてくれるようにおっしゃってください」。彼に言われた、「人よ、だれがわたしをあなたがたの裁判人または分配人に立てたのか」。それから人々にむかって言われた、「あらゆる貪欲に対してよくよく警戒しなさい。たといたくさんの物を持っていても、人のいのちは、持ち物にはよらないのである」　（ルカ一二の一三〜一五）

ある時、イエスが弟子たちに語っておられるとき、群衆の一人が遺産争いの仲裁をイエスに頼んできました。当時、宗教上の教師が地域の家庭民事の訴訟などにおいてその調停者の役を果たすことはよくあることでした。

遺産相続については、イスラエルではモーセの律法に、長男が兄弟たちの分け前の二倍を受け継ぎ、ほかの兄弟たちはそれぞれ一つ分をもらうことと定められていました。この人の場合、兄弟間で自分の受ける遺産の分配に納得がいかず、争いが起こっていたと思われます。

しかし、イエスは、「わたしはあなたがたの裁判人、分配人ではない」としてこの人の求めには応じられませんでした。イエスは、この遺産相続の正しい分配を示して問題を解決するのではなく、この争いの根元にあってこの人を苦しめているものを単刀直入に指摘し、それを除いて救いを受けるように教えられます。それとは、少しでも多くの遺産を得ようとするむさぼりのこころです。イエスは、この世の遺産ではなく、そうした愚かな空しいこころから全く解放されて本当に生きる永遠のいのちの世界を、人の受け継ぐべきまことの資産として提供しようと、「救い主」としてこの罪の世に来ておられたのです。

貪欲に警戒しなさい

イエスは群衆に語られます、「あらゆる貪欲に対してよくよく警戒しなさい」。「貪欲」とは「むさぼり」のことで、自分に必要に従って与えられているものを超えて必要以上に飽くことなく求めるこころです。貪欲、むさぼりのこころとは、「私のために」多くのものを得たいとするこころと言えます。

イエスは、それに対する警戒の理由を、「人のいのちは持ち物によらない」からと言われます。イエスが与えようとしておられるいのちは、「持ち物」によって得られ、支えられ、豊かにされるものではなく、全く逆に、それを追求するむさぼりによって脅かされ、妨げられ、失われるものであるからです。永遠に至る本当のいのちは、どんなに多くのものを得たかというこの世の願望の達成によるのではなく、その我欲から離れて、いかに真実に生きるかという「生き方」によるのです。それは「私のため」に生きるのではなく、神のために、他者のために、つまり、「あなたのため」に生きる生き方ということができます。

愚かな金持ち

そこで一つの譬を語られた、「ある金持の畑が豊作であった。そこで彼は心の中で、『どうしようか、わたしの作物をしまっておく所がないのだが』と思いめぐらして言った、『こうしよう。わたしの倉を取りこわし、もっと大きいのを建てて、そこに穀物や食糧を全部しまい込もう。そして自分の魂に言おう。たましいよ、おまえには長年分の食糧がたくさんたくわえてある。さあ安心せよ、食え、飲め、楽しめ』。すると神が彼に言われた、『愚かな者よ、あなたの魂は今夜のうちにも取り去られるであろう。そしたら、あなたが用意した物は、だれのものになるのか』」

（ルカ一二の一六〜二〇）

イエスは、その説明のために「愚かな金持ちのたとえ」を語られます。この金持ちがどのようにして財産を得たかは語られていません。金持ちになったのは必ずしも何らかの不正によると考える必要もなく、勤勉に働いて財産を得てきたと考えてよいでしょう。この年も大豊作でした。良い天候に恵まれて勤勉な働きが実り、大きな収穫を得たのです。金持ちはいわゆるまじめな資産家であり、町の中で一目置かれた人物であったかもしれません。

しかし、イエスのたとえは、この金持ちの問題点を巧みに明らかにしていきます。大豊作は特別な対処を必要とするほどのもので、東洋の古代社会では共同体全体で解決を図る問題であったと思われますが、彼の場合は、自分一人でこのことを考えて思案しています。

この金持ちの問題点は、その「こころの中に」ありました。倉に収めきれない豊作をどのように処理しようかと一人で考えたほとんど独り言の思案の中に、「わたしの」という一人称所有格がつけられたことばが連なっているのです。「わたしの作物」、「わたしの倉」、「穀物や食糧」（英語の聖書には、「わたしの穀物や食糧」とある）、「自分の魂」という具合です。この人のこころの中には、「わたし」だけが住んでいます。彼は「私のために」だけ生きています。

彼は、豊作をもって、当時はどこにでも見かけられた路傍生活者などの貧しい人々の必要に応えようとはしません。ほかにも社会に多くの助けの必要があったはずですが、一切、そうしたことを考えてはいません。彼は、もっと大きな倉を建ててそこに自分のために穀物をしまい込もうと考えます。「これで長年分の食糧が確保される。さあ、安心だ、食べて、飲んで、楽しもうではないか」と言うのです。

あなたの魂は今夜取り去られる

そして、決定的に、彼の愚かさが宣告されます。「愚かな者よ、あなたの魂は今夜のうちにも取り去られるであろう」。金持ちがこれで安心だとこころのうちに言ったその夜に、全く思いがけなく、何の準備もなく、彼の死が訪れるのです。「持ち物」を多く得、蓄える長年分の食糧をいのちの保証としたその夜に、彼そのもの、いのちそのものがなくなっていきます。

なんという愚かさでしょうか。振り返ってみると、その愚かさは、彼の個々の言動にではなく、彼が「自分のために」だけ、空しく生きて、しかも人を本当に生かすことはない「持ち物」により頼んで生きてきたその生き方にあります。

この夜、愚かな男のいのちが求められました。「取り去られる」というギリシャ語の動詞は通常、借金の支払い請求であることが知られています。彼のいのちは借財であって、それが今返済を求められているのです。

彼のいのちは神から預かっている賜物であり、ゆだねられた責任を果たして神に返すよう求められたものでした。神に仕え、人に仕えるべく、神は彼にいのちと「持ち物」一切を与えられているのです。この世における人の一生は、一瞬一瞬責任を果たして歩みゆくべき、一度きりの、終わりの決められた「いのちの時」です。愚かな金持ちの愚かさの源にあったのは、このいのちの賜物性、また、被委託性についての無知でした。

神に対して富む

自分のために宝を積んで神に対して富まない者は、これと同じである。

（ルカ一二の二一）

たとえ話の結論として、イエスは、「自分のために宝を積んで神に対して富まない者は、これと同じである」と言われます。「神に対して富む」とは「神の前に富む」ということで、その富とは、奉仕する人生の豊かさです。イエスは、「持ち物」によらない救いのいのちのまことの豊かさに招いておられます。

キリストに倣いて

『キリストに倣いて』の著者、中世の神秘思想家トマス・ア・ケンピスの祈りです。

「一日が何をもたらすか、いったい、誰に分かりましょう？　ですから神様、一日一日をこの世における最後の日であるかのように生きることができますよう。どの日もこの世の最後の日とならないともかぎらないのだということを、私は知っています。やがて死を迎えるときに、あのように生きてこられたならよかったのにと考えるような、そんな生き方が日ごとにできますよう、良心に罪の呵責《かしゃく》を感じ、いまだに悔いていない罪を意識しつつ、死を迎えることがありませんよう」⑳

22　悔い改め

クリスティナ・ロセティ

よく歌われた童謡に西条八十訳詞の「風」があります。

誰《だあれ》が風を見たでせう？
僕もあなたも見やしない
けれど木《き》の葉を顫《ふる》はせて
風は通りぬけてゆく㉑

この原詩は、イギリスの女流詩人クリスティナ・ロセティ作の童謡詩で、「見えないけれどもあるもの」を感受して歌ったものです。幼くして肺を患い、信仰の違いで結婚を断念するなど、痛みの多い生涯を独身で静かに送った彼女は、別れや死を歌い、晩年には永遠の安息を求める神秘的な宗教詩を作っています。

「ああ神よ、われらの罪は七つあれど、われらの罪は七の七十倍あれど、われらの罪はわれわれの頭の髪の毛の数より多くあれど、神を愛してここに悔い改め、汝のあわれみの深みのなかへとわれわれ自身をゆだねることのできるように、われらに恵みを与え給え」㉒

イエスの先駆者バプテスマのヨハネは、悔い改めてメシヤの福音を信じるようにと訴えました。イエスが神の国に入る者に要求されたのは、この「悔い改め」です。ある人々はその求めに応じて自らの罪深きを知り、悔いくずおれてイエスを受け入れていきました。

しかし、自分を義《ただ》しいとするパリサイ人や律法学者たちは、悔い改めの必要を認めず、イエスを信じることを拒みました。彼らにとって、「罪人や遊女、取税人」といった人々は神の国に入る資格などあるはずもなかったのです。しかし、その人々がメシヤの国に入り、彼ら自身はその国から閉め出されていくのです。イエスの要求される悔い改めの深い意味を彼らは受け入れようとしなかったからです。

エルサレムでの悲惨な出来事

ちょうどその時、ある人々がきて、ピラトがガリラヤ人たちの血を流し、それを彼らの犠牲の血に混ぜたことを、イエスに知らせた。そこでイエスは答えて言われた、「それらのガリラヤ人が、そのような災難にあったからといって、他のすべてのガリラヤ人以上に罪が深かったと思うのか。あなたがたに言うが、そうではない。あなたがたも悔い改めなければ、みな同じように滅びるであろう。また、シロアムの塔が倒れたためにおし殺されたあの十八人は、エルサレムの他の全住民以上に罪の負債があったと思うか。あなたがたに言うが、そうではない。あなたがたも悔い改めなければ、みな同じように滅びるであろう」

（ルカ一三の一〜五）

そのころ、エルサレムで起こった二つの悲惨な出来事がありました。一つは、人々が報告してきたことで、ローマ総督ピラトによるガリラヤ人殺害の事件です。気質が荒く、変革を好むと言われたガリラヤからは、戦いによるローマからの主権奪還を謀る熱心党などが出ています。そのガリラヤ人がエルサレムへの巡礼や祭りの時に、何らかの騒動を起こしたのでしょう。ピラトはそれを鎮圧するため、神殿の中でさえ人々を虐殺したというのです。

　もう一つは、シロアムの池のそばの、エルサレムの城壁の南西の角にあった塔が崩落するという大事故で、その巨大な石に圧殺されて一八人が亡くなった事件です。

　報告した人々へのイエスの答えは、彼らがこの事件について抱いていた考えに応じたものです。彼らは、特にパリサイ人や律法学者は、人々が神のみこころに反することをして大小の罪を犯すと、その個々の罪に応じて大小の苦しみが与えられると考えました。

　イエスは、ここで彼らの考えをはっきりと否定されます。そうした災難が起こったとしても、それが個々の罪のゆえであるということはない。しかし、あなたがたに今必要なことがある。自分はその人々のように罪深くはないと考えるのであれば、それこそ、悔い改めなければならない深い罪を持っている。人間は皆同様に、悔い改めるべき深い意味での罪を負っている。それを悔い改めなければ、永遠の滅びを免れることはできないであろう。

こころの向きの転換

「悔い改め」の原語は「メタノイア／ギリシャ語」で、「向きを変えること」「生きる道の転換」を意味することばです。自分中心の罪の生の中で、自分に向いたこころの目を神に向きを変え、自分の意ではなく神のみこころに従って生きようとする生き方の転換です。イエスはこの生き方の転換を神の国に入る人に求められましたが、その求めはもっと深く、その中で初めて生き方の転換ができる「あり方」の転換でした。

イエスの求められた「悔い改め」は、一般に悪を捨てて善をなすという行動の改めではなく、また単に律法を忠実に行うというパリサイ人の考える悔い改めでもありません。悔い改めるべき罪は、何より「私は義しい」とする自己義認の傲慢さであり、神に生かされているのに自ら生きようとする神の前における高慢な自立の罪です。

それは、まず内的に深く、こころの信頼の目を自己から神に向け、自らの罪深きを認め、本当に生き、救われるためには、自らが絶対的に無力であり、神の恵みが必要であることを覚えることです。そして、「失われた者」への憐れみのおこころを信じ、全的に信頼して、自分の意を神にゆだねることでした。

まわりを掘って

それから、この譬を語られた、「ある人が自分のぶどう園にいちじくの木を植えて置いたので、実を捜しにきたが見つからなかった。そこで園丁に言った、『わたしは三年間も実を求めて、このいちじくの木のところにきたのだが、いまだに見あたらない。その木を切り倒してしまえ。なんのために、土地をむだにふさがせて置くのか』。すると園丁は答えて言った、『ご主人様、ことしも、そのままにして置いてください。そのまわりを掘って肥料をやって見ますから。それで来年実がなりましたら結構です。もしそれでもだめでしたら、切り倒してください』」

（ルカ一三の六〜九）

このたとえは、一般的な、きっとどこにでもあったような話です。長い間待っても実を実らせない樹を切るように命じられた園丁が、最後の努力を申し出、猶予を求める話です。これを通してイエスは、実を実らせないイスラエルと、それを待っている神と、最後まで諦めない救い主の話をされ、悔い改めの最後の訴えとしておられます。

聖書によれば、人間は「神の像《かたち》」に創られた者で、愛と真実と義しさという神のご品性の姿をその生き方の中に反映すべき人格的存在です。その姿は、ただ自分が生きるのではなく、神に生かされる生の中に実として現れて来るものです。しかし、人は罪を犯しました。この堕罪を通して人は自分中心に自分のために自分で生きる者となりました。このような生に現れてきたものは、我（エゴ）の醜さと虚偽と傲慢さの悲しい姿でした。神はそのままでは滅びるしかない人類を救おうと計画され、救い主を送ることになさいました。

神はまず、イスラエルに預言者や教師を送り、悔い改めて神に帰り、そのうちに生きて実を実らせるようにと訴えられます。しかし、彼らは、その神の訴えに耳を傾けず、自分中心の罪の生活を続け、こころを砕いて神の憐れみを求めることを拒みました。それゆえイスラエルには実が実りません。このたとえの主人の中に、結実を求められる神の厳しい義しさを見ることができます。自分本位の生き方を悔い改めて実を実らせることをしないイスラエル、そして人類には、本来的に滅びの裁きが宣告されています。

そして、たとえの園丁は救い主イエスを表しています。イエスのうちには、人の滅びを見るに忍びず、人を救うためにどんなことをもしようとする神の限りない慈愛を見ることができます。園丁は、いちじくのまわりを掘って肥料を施し、結実のためにあらゆる手立てを講じようとします。イエスは、そのために地上に来られました。そして今、エルサレムに向かい、十字架の上に私たちの罪を負って死に、人のこころを深く深く掘り、無上の憐れみの肥料を施そうとしておられます。彼はこうした愛を限りまで尽くして、人々が応じてくれることを望んでおられるのです。もし、それでも彼らが悔いの実をつけなければ希望はないと言われます。

ああ、主はたがため

「英国の賛美歌の父」と言われたアイザック・ウォッツの最初の創作賛美歌集に載せられた歌は、キリストの十字架のもとにひれ伏した人々のこころをよく歌っているものです。

ああ主は誰《た》がため　世にくだりて
かくまでなやみを　うけたまえる
わがため十字架に　なやみたもう
こよなきみめぐみ　はかりがたし

十字架のみもとに　こころせまり
なみだにむせびて　ただひれふす
なみだもめぐみに　むくいがたし
この身をささぐる　ほかはあらじ㉓

23　盛大な晩餐会《ばんさん》

水野源三さん

救いを受けて神の国へ入る者の姿を考えるとき、こころに浮かぶ非常に印象的な詩があります。再び、「瞬きの詩人」水野源三さんの「選ばれる値打ちなき私を」という詩です。

私がイエス・キリストを
選んだのではありません
選ばれる値打ちなき私を
イエス・キリストが
イエス・キリストが
選んでくださったのです

私がイエス・キリストを
求めたのではありません
求められる値打ちなき私を
イエス・キリストが
求めてくださったのです

私がイエス・キリストを
愛したのではありません
愛される値打ちなき私を
イエス・キリストが
愛してくださったのです㉔

宴会の席で

あるパリサイ人が安息日に宴会を開いたとき、イエスも招かれて列席されました。その時の説話の中に、宴会に招く場合はお返しができない「貧乏人、不具者、足なえ、盲人」などを招きなさいというものがあります。ある人が神の国の食事に招かれる人の幸せについて話しかけたとき、イエスは、パリサイ人たちのように自己を義しいとする人々に対して、盛大な晩餐会のたとえを語られます。神の救いの計画の歴史全体を包含するこのたとえの中で、神の救いはどのような人に、どのように提供されるのかという福音の本質が示されています。

晩餐会のたとえ

そこでイエスが言われた、「ある人が盛大な晩餐会を催して、大ぜいの人を招いた。晩餐の時刻になったので、招いておいた人たちのもとに僕を送って、『さあ、おいでください。もう準備ができましたから』と言わせた。ところが、みんな一様に断りはじめた。最初の人は、『わたしは土地を買いましたので、行って見なければなりません。

どうぞ、おゆるしください』と言った。ほかの人は、『わたしは五対の牛を買いましたので、それをしらべに行くところです。どうぞ、おゆるしください』、もうひとりの人は、『わたしは妻をめとりましたので、参ることができません』と言った」

（ルカ一四の一六〜二〇）

当時、中近東の地域においては、こうした晩餐会などの宴会は社会生活の中で重んじられた習慣でした。このような場合、人々を招待するときは、普通、二度、招待状を届けるしきたりでした。一度目は、「宴会を開くので来てください」という通知、二度目は、「宴会の準備を整えたのでおいでください」という招待状です。その間、招待主は出席する客の人数に従って、丹精込めてご馳走を準備するのです。この時、その招待を断るとすれば、招待主の好意とそのための準備の努力を踏みにじる非常な非礼になり、ある場合には宣戦布告のようなものになったと言われます。

さて、ある人が開く晩餐会の第一の招待がなされました。そして、準備が始められます。しばらくの時間が経って、いよいよ、その準備が整います。そこでしきたりの第二の招待が届けられました。ところが、彼らは、一様にその招待を断わり始めます。土地を買って見に行くところです。牛を買ったので伺えません。妻をめとりましたので行けません。その理由が言い訳にすぎないことは明らかです。調べないで土地や牛を買うなどあり得ませんし、晩餐会が終われば家に帰れます。これは招待主に対する二重の侮辱でした。大事な約束を破り、宴会よりも自分の関心事を優先させたからです。

大通りや小道、垣根に行って

僕は帰ってきて、以上の事を主人に報告した。すると家の主人はおこって僕に言った、「いますぐに、町の大通りや小道へ行って、貧しい人、体の不自由な人、目の見えない人、足の悪い人などを、ここへ連れてきなさい」。僕は言った、「ご主人様、仰せのとおりにいたしましたが、まだ席がございます」。主人が僕に言った、「道やかきねのあたりに出て行って、この家がいっぱいになるように、人々を無理やりにひっぱってきなさい。あなたがたに言って置くが、招かれた人で、わたしの晩餐にあずかる者はひとりもないであろう」（ルカ一四の二一～二四）

第二の招待状を客の一人ひとりに届けた召使は帰ってきて、この全く理由にならない言い訳を招待主の主人に報告します。そこで主人は立腹して、「町の大通りや小道」から、さらに、「道やかきねのあたり」にまで出て行って、社会に見捨てられているような人々や、そこにいるどんな人をも、無理やりにでも連れてきて、宴会の席につかせるように召使に命じます。

福音の招きとイスラエル

このたとえの中で、晩餐会というのは、神が失われた人類をもう一度救い、いのちの祝福に招く「神の国」の提供のことです。その晩餐会の準備の中心にあったものは、神のみ子が十字架の上で人々の罪を負って身代わりになるという、人間の理解をはるかに超えた神の犠牲でした。神はこのみ子の犠牲による救いの計画を立て、み子を救い主メシヤとして世に送られることになったのです。

神は、まず、イスラエル（イエス在世当時はユダヤ）の人々にこの救いの提供について預言者を通して語られました。

わたしはわたしのしもべである預言者たちを日々彼らにつかわした。

さあ、かわいている者は／みな水にきたれ。金のない者もきたれ。来て買い求めて食べよ。（イザヤ五五の一）

主は来て救いを雨のように、あなたがたに降りそそがれる。（ホセア一〇の一二）

（エレミヤ七の二五）

これが第一の招待です。そして、預言者のことばである旧約聖書の中には、救いのためになされる準備が、そのことばや犠牲制度などを通して示されてきました。歴史の時が進み、いよいよ、イエスが約束された救い主としておいでになりました。イスラエルは、そして人類は、そのメシヤの到来の時を迎えていたのです。

神より「悔い改めて福音を信ぜよ」との招きがイスラエルの人々に語られました。第二の招待です。晩餐会の準備がほとんど整い、食卓の中心の犠牲はほふられるばかりになっていました。イエスはこのたとえを語られてほどなく、エルサレムで十字架につけられることになります。晩餐会の食事は、ここに提供されるのです。み子の身体が裂かれ、血が流され、この人類の救いの福音の出来事が、これを信じるようにと訴えられ、語られることになります。

しかし、イスラエルはこの第二の招待を断ります。彼らはイエスを信じようとしません。彼らは自己を義しいとし、自分が神の前に失われていて、魂が本当に必要とするものが神の憐れみの提供であることを認めませんでした。彼らの第一の関心は、自分の魂の必要というよりこの世の利益や安寧にありました。そして、彼らの願った救いは、ユダヤがその属国であったローマから解放され、主権を回復するというこの世の政治的な救いだったのです。

失われた人々、異邦人の受容

しかし、イエスの十字架の犠牲の死という出来事を、すばらしい「福音」、文字どおりの「良い知らせ」として、信じる人たちがいました。それを自分の渇いた魂の絶対の必要として渇望する人々です。彼らは自分のうちに神の国に自らを推奨すべき何ものも持ちあわせていません。これらの人々は、まず、イスラエルの社会にあった「失われた人々」、このたとえの中では、町の大通りや小道の「貧乏人、不具者、盲人、足なえ」などであり、実際には「取税人、遊女、罪人」で代表される人々でした。この人々が、イエスのもとに集められて来るのです。そしてさらに、この十字架による救いの福音は、イスラエルを越えて、たとえにある「道や垣根」のあたり、異邦人の世界にまで、伝えられていきます。

イスラエルの外にあったいわゆる異邦の国々の人々は、神の救いについて知らず、希望を持たない絶望の生を生きていました。しかし、福音は、本来罪によって「失われたもの」である全人類を救うものです。その招待は、救いを渇望する異邦人の世界にこそ、必ず届けられなければなりませんでした。神のみ子の死ということばに表せない無量の痛みの愛は、実に全人類に届けられなければなりません。この招待には、ひとりも漏れてはならず、除外されてはならないのです。それは、「無理やりに」でも引っ張って来なければならない、貴いみ子のいのちがかけられた招待でした。

イエスは最後に、「招かれた人で、わたしの晩餐にあずかる者はひとりもない」と、パリサイ人など自分が救われるのは当然とする人々に、厳しく語られました。救いはそれを受けるのが当然でない人にのみ提供されています。「失われた人々」こそ、神の招きの本来の客でした。晩餐会のたとえは、救いの祝福が、それを必要としなかったイスラエルから、それを懇望したイスラエルの見捨てられた人々、また、広く垣根を越えて、望みを持たなかった異邦人の全世界にこそ伝えられていくという福音の歴史を語っているのです。

24　放蕩息子のたとえ

アウグスティヌス

西洋中世の初期の神学者、最大の教会教父と呼ばれたアウグスティヌスは、敬虔な母のもとに育ちながら若いころに道を外し、罪の生活に溺れて行きます。そうした中で良心の葛藤に苦しみ、神に帰るようにとの内なる声を聞いてキリストのもとに帰った文字どおりの放蕩息子でした。そのこころを綴った古典的な名著『告白』の冒頭で彼は次のように語っています。

「偉大なるかな、主よ。まことにほむべきかな。汝の力は大きく、その知恵ははかりしれない。

しかも人間は、小さいながらもあなたの被造物の一つの分として、あなたを讃えようとします。それは、おのが死の性を身に負い、おのが罪のしるしと、あなたが『たかぶる者をしりぞけたもう』ことのしるしを、身に負うてさまよう人間です。……あなたは私たちを、ご自身にむけてお造りになりました。ですから私たちの心は、あな

たのうちに憩うまで、安らぎを得ることができないのです」㉕

背景

ルカは、救いの「福音」(良い知らせ)の物語としてイエスのことをその誕生から書き綴ってきました。そして、その物語の内容の中心として、その福音の源泉である神の永遠の愛を描くイエスのたとえ話をここに置いています(ルカ一五章)。これが「福音書の真珠」と言われ、また、「短編の極致」と評された「放蕩息子のたとえ」で、すぐ直前の二つのたとえ話と三連で「失われたもののたとえ」を構成しています。これらのたとえは、イエスが、取税人や罪人と言われる人々と食事をしているときに、律法学者たちが出した「どうしてこのような罪人を受け入れるのか」との非難に答えたものです。

イエスはまず、群れから失われた羊を捜す羊飼い、家の中で失われた銀貨を捜す女性のたとえを話されます。羊飼いと女性はそれぞれ、懸命に「見つけるまで」捜して失ったものを見つけ、大喜びをして周囲に報告するのです。イエスは「罪人がひとりでも悔い改めるなら天には大きな喜びがある」と言われます。
このような準備のもとに、イエスはこのたとえの最も重要な「放蕩息子のたとえ」を語り出されるのです。背景には「失われたもの」、世の初めの堕罪による楽園喪失、その最たるものであった「人間」自身の喪失が置かれています。

遠い所に行き

また言われた、「ある人に、ふたりのむすこがあった。ところが、弟が父親に言った、『父よ、あなたの財産のうちでわたしがいただく分をください』。そこで、父はその身代をふたりに分けてやった。それから幾日もたたないうちに、弟は自分のものを全部とりまとめて遠い所へ行き、そこで放蕩に身を持ちくずして財産を使い果した。何もかも浪費してしまったのち、その地方にひどいききんがあったので、彼は食べることにも窮しはじめた。そこで、その地方のある住民のところに行って身を寄せたところが、その人は彼を畑にやって豚を飼わせた。彼は、豚の食べるいなご豆で腹を満たしたいと思うほどであったが、何もくれる人はなかった」

（ルカ一五の一一〜一六）

放蕩息子のたとえは「失われた息子」のたとえです。ふたりの息子のうちの弟息子は、父の家の生活に嫌気がさして、父の死亡の時に受け継ぐ相続遺産の生前譲与を厚顔にも父に申し出ます。そして与えられた遺産をお金に替え、自由を求めて「遠い所」へ出て行くのです。そこで彼は放蕩三昧にあけくれ、財産を使い果たしてしまいます。お金のある時の仲間は去り、独りぼっちになった彼に飢饉《ききん》が襲います。身を寄せた家で豚飼いの仕事をさせられた彼は、豚の飼料でも食べたいと思いますが、誰も食べる物をくれません。

「遠い所」の遠さは実際の距離ではなく、こころの離れている様で、神のもとから遠く迷い出て失われてしまっている人間存在の姿をよく表しています。いわゆる放蕩に溺れて自分を破壊しきっている者ばかりではなく、高尚な関心の中にあってもその魂の真ん中から神を閉め出し、自分を生かしておられる方をすっかり忘れてしまっている恩知らずの放蕩息子もあります。「遠い所」では、自由で自分第一であるのに、それだけ空しく、こころの充足を失っています。そこでの人生は浪費であり、孤独です。そして、魂の食物の飢えにいつも襲われています。神から離れているとき、どんなものもその恐ろしい飢えをいやすことはできません。

本心に立ちかえり

そこで彼は本心に立ちかえって言った、「父のところには食物のあり余っている雇人が大ぜいいるのに、わたしはここで飢えて死のうとしている。立って、父のところへ帰って、こう言おう、父よ、わたしは天に対しても、あなたにむかっても、罪を犯しました。もう、あなたのむすこと呼ばれる資格はありません。どうぞ、雇人のひとり同様にしてください」。そこで立って、父のところへ出かけた。

（ルカ一五の一七〜二〇）

自分のうちには何もないことに気がついたとき、彼は父の家の豊かさと幸せを思います。以前には自由がない、楽しみがないと不満ばかり言っていたところに、本当の自由と喜びがあるのではないかと気づきます。彼は「本心に立ちかえる」のです。彼の本心は罪のもたらす破壊と破滅を見ます。そして、それは彼を神に向かわせる第一歩となるのでした。

「息子と呼ばれる資格はありません。雇い人同様にしてください。ただあなたのところに住まわせてください」とお願いしようと父のもとに帰ります。受け入れられる権利もなく、その愛を要求することもできないことはよくわかっていました。きっとぼろぼろの衣服で、いやなにおいに全身包まれたまま、身をひきずるように帰ってきたことでしょう。

哀れに思って走り寄り

まだ遠く離れていたのに、父は彼をみとめ、哀れに思って走り寄り、その首をだいて接吻した。むすこは父に言った、「父よ、わたしは天に対しても、あなたにむかっても、罪を犯しました。もうあなたのむすこと呼ばれる資格はありません」。しかし父は僕たちに言いつけた、「さあ、早く、最上の着物を出してきてこの子に着せ、指輪を手にはめ、はきものを足にはかせなさい。また、肥えた子牛を引いてきてほふりなさい。食べて楽しもうではないか。このむすこが死んでいたのに生き返り、いなくなっていたのに見つかったのだから」。それから祝宴がはじまった。

（ルカ一五の二〇～二四）

イエスの語られる父は、息子が思いも寄らなかったようにして彼を迎えます。また聴衆の誰もが予想しない、パリサイ人などは決して理解しない仕方で、放蕩息子を迎えるのです。まだ遠く離れていたのに息子の姿を認めます。父はもうじっと待ってなどいられません。走って行って、その愛子を汚い衣服そのままに抱きしめて、接吻します。息子は考えていたように、罪を告白し、ゆるしを願おうとします。

しかし、父は全部言わせません。召使たちに、最上の衣服を着せ、指輪を指にはめ、靴をはかせるように言いつけます。最上の衣服はその家で重んじられるしるし、指輪は親子関係を表し、靴も召使ではなく息子であることのあかしでした。父は、放蕩息子を、思いがけなく、完全な子たる身分に回復させ、以前にもまして重んじてくれたのです。こうして、この父の愛に感涙して、息子のこころはすっかり父に結びつけられ、本当の息子となるのです。

父は全家で喜びを表そうと祝宴を開きます。このたとえには、後半の部分があって、畑から戻ってきた兄息子が、「どうしてあんな者を受け入れて、こんなに祝うのですか」と父のしたことに不満を述べる場面があります。父は、祝宴の用意を命じる時に述べた開催の理由をもって答えます。そしてこの理由のことばが、このたとえの結論となっています。「このむすこが死んでいたのに生き返り、いなくなっていたのに見つかったのだから」

「放蕩息子のたとえ」は、最も適切には「待っている父の愛」のたとえです。焦点は、誰よりもこの尋常ではない父に置かれています。帰って来る放蕩息子を走り寄って抱きしめる父、その人です。この父は天の神です。

このたとえの鍵句は、「哀れに思って」という語です。このことばの原語は、「はらわたがよじれるように痛む」憐れみの情を表現しています（同じことばは、一一一ページのナインのやもめの息子のよみがえりの場面でも使われています）。この神の「憐れみ」から「福音」が生まれてきます。失われた人が思いがけず滅びを免れ、神の子として救われるという「良い知らせ」です。これは、やがてキリストが定められた十字架につき、身代わりに滅びを受けられるとき、福音の「出来事」となるのです。

25　友だちをつくりなさい

バークレー・バックストン

「怪談」や「雪女」などで有名な小泉八雲（ラフカディオ・ハーン）と同じころ、島根県松江でキリスト教伝道・教育を行ったバークレー・バックストンについて、興味深い話が伝わっています。バックストンは日本に来て、どこにいてもそこで出会う日本人と「友だち」になることをこころがけていたそうです。ある時など、バターを飴と思ってほおばった日本人の客を見て自分もバターを飴のようにほおばったと言います。また、明治後期でまだ人々は靴を履いていませんでしたので、彼は靴を脱ぎ捨て、山陰の冬でも草履履きで生活したそうです。文化や習慣の違う日本人の間で彼はどんな時でもその人の立場に自分を置こうとしたのでした。

ルカは、父から受けた財産を放蕩に浪費してすべてを失った弟息子が、父のもとに帰ってきて父に寛大に迎えてもらったという放蕩息子のたとえを書いたあとに、今度は弟子たちに対しても適用できる、神より預かっている所有物をどのように使うべきかを教えるたとえ話を載せています。持ち物の使い方というテーマを視点にして、先のたとえからも関連を引き出しているように思われます。

ある金持ちの管理人

イエスはまた、弟子たちに言われた、「ある金持のところにひとりの家令がいたが、彼は主人の財産を浪費していると、告げ口をする者があった。そこで主人は彼を呼んで言った、『あなたについて聞いていることがあるが、あれはどうなのか。あなたの会計報告を出しなさい。もう家令をさせて置くわけにはいかないから』

（ルカ一六の一、二）

ある金持ちの家にその財産を管理している管理人がいました。管理人とはこの場合、大邸宅の管財人として主人の財産を監督していた支配人でした。この管理人について彼は預かった財産を浪費している、との告発が主人になされます。そこで、主人は即刻、解雇を言い渡し、引き継ぎのために帳簿を返すように命じました。

ただ、この主人は管理人を解雇しましたが、それ以上に彼を処罰することはありません。たとえの中で、人は神の財産の管理人であるということも意味されているとすれば、この寛容な主人は、放蕩息子を迎えて罰しなかった父と同じように、慈悲深い神を示唆していると言えるかもしれません。

利口なやり方

この家令は心の中で思った、「どうしようか。主人がわたしの職を取り上げようとしている。土を掘るには力がないし、物ごいするのは恥ずかしい。そうだ、わかった。こうしておけば、職をやめさせられる場合、人々がわたしをその家に迎えてくれるだろう」

それから彼は、主人の負債者をひとりびとり呼び出して、初めの人に、「あなたは、わたしの主人にどれだけ負債がありますか」と尋ねた。「油百樽です」と答えた。そこで家令が言った、「ここにあなたの証書がある。すぐそこにすわって、五十樽と書き変えなさい」

次に、もうひとりに、「あなたの負債はどれだけですか」と尋ねると、「麦百石です」

と答えた。これに対して、「ここに、あなたの証書があるが、八十石と書き変えなさい」と言った。ところが主人は、この不正な家令の利口なやり方をほめた。この世の子らはその時代に対しては、光の子らよりも利口である。（ルカ一六の三～八）

突然、解雇されることになり、これからの生活手段を失うことになってしまうこの管理人は困惑し、思案しました。重労働に耐える力もないし、いわゆる物乞いにはなりたくない。思案したあげく、名案が浮かびます。そしてすぐ、それを実行に移すのです。彼は、主人の負債者を一人ひとり呼び出します。この負債者とは、当時の農業社会の小作人であると考えると、その収穫の一定額を証文に書いて、小作料として管理人に収めていたわけです。

管理人は債券証書の減免を持ちかけます。普通、収穫が少ない時は、小作料の減額を管理人にお願いしたことがあったかもしれませんが、この場合は管理人の方から減額を申し出るのです。小作人は大いに感謝したことでしょう。こうしておけば、解雇されたあと、この人々が自分の世話をしてくれるだろうと、管理人は利己的に考えたのです。

しかし、それを知った主人はこの管理人の利口なやり方を褒めています。主人に隠れて減免しようとした彼の不正直なやり方を認めたのではありません。自分の立場を上手に利用して目の前の生活破綻に真剣に対応しようとしたからです。イエスは、「この世の子」らは、イエスを信じる「光の子ら」より、こうした地上的な事柄の対応において利口だと言われましたが、やがて来る世の終末に備えて、イエスを信じる人々も、持ち物の適切な用い方において、彼らなりによく考えて行動するようにと望まれたのです。

友だちをつくるがよい

またあなたがたに言うが、不正の富を用いてでも、自分のために友だちをつくるがよい。そうすれば、富が無くなった場合、あなたがたを永遠のすまいに迎えてくれるであろう。小事に忠実な人は、大事にも忠実である。そして、小事に不忠実な人は大事にも不忠実である。だから、もしあなたがたが不正の富について忠実でなかったら、だれが真の富を任せるだろうか。また、もしほかの人のものについて忠実でなかったら、だれがあなたがたのものを与えてくれようか。

（ルカ一六の九～一二）

イエスは、続いて、不正直な管理人のたとえの解釈として、イエスを信じる人々がゆだねられている所有物をどのように用いるべきかについて、説話を語られます。「不正の富を用いてでも、自分のために友だちをつくるがよい」

「不正な富」とはどういう意味で言われたのでしょうか。「不正な」（アディキア／ギリシャ語）とは、管理人の不正直なやり方を比喩として表面的に連想させますが、実際には、道徳的な不正という意味はなく、ほとんど「この世的」と同義のことばです。この世に属するものは朽ちてゆき、永遠に続く価値を持ちません。「不正な富」とは、現世において有益なものとして人が何よりも求めているもので、時には自分の利のために道徳的な不正にも陥りやすく、ある意味でそうした危険をも併せ持つ富のことです。

管理人は実にこの世的な方策を用いて破綻の時に自分を受け入れてくれる、いわば義理上の友だちをつくりました。イエスはこの世が滅びて永遠の国に変わる終末の時のことを念頭において、その時に、その永遠の住まいに迎えることになる本当の友だちをつくるようにと言われるのです。この世の富の使い方は普通、自分のために使うことです。その最悪の典型は、放蕩息子のように財産の浪費です。み国に招かれる人は、この世的な富であっても、ただ自分のためにではなく、全く逆に、他の人、特に貧しい人々や困窮者などの安寧と幸福のために使うのです。それは与える行為そのものよりも、与える生き方であり、愛の生き方を意味しています。

きっとイエスの面前にいたはずのパリサイ人たちにとって、イエスの教えは受け入れにくいものでした。当時、彼らが大事なことだと考えていたのは、いろいろと細かな宗教上の規則や義務を守り、徳を積むことでした。彼らの目は内向きに自分を見つめ、周囲の人々には向けられていませんでした。彼らはまた、富を自分が神に受け入れられている証拠だと考え、貧しい人々などは神の祝福に値しない者とみなして、見向きもしなかったのです。こういう意味で、彼らにはこころを分かつ本当の友だちはいませんでした。イエスは、こうした社会にあって永遠に重要な倫理に人々のこころを向けられます。友だちをつくりなさい。その道こそ、やがて来る永遠の神の国の朝にまで続いている道であり、友だちと一緒に神の国を迎えさせることになるのです。

小事に忠実な人

当時、裕福な人は自分の相続財産を子どもに遺す前に、我が子がその財産を適切に使うかどうかを試すためにその一部の使用を任せることがあったそうです。イエスは、同様に、神から今この世で任せられている「不正の富」や、自分のものでない「他人の富」など、いわゆる小事に属する富の使い方によって、天にある永遠の祝福の富を与えるかどうかが決められると言われます。小事に忠実であることは重要なことです。世も人も、必ずしも大きな輝かしい行為で人生の糸が織られているわけではありません。なされるべき愛の行為も、いつもそれほど華々しくあるのではありません。ほとんどそれは、小さく地味な親切や助け、ゆるし、寛容、忍耐などで織られていきます。イエスは、そうした「小事」における愛の実践においてこそ、永遠の愛の世界に生きる、それにふさわしいまことの備えができると語られたのです。

神の主権

どの僕でも、ふたりの主人に兼ね仕えることはできない。一方を憎んで他方を愛し、あるいは、一方に親しんで他方をうとんじるからである。あなたがたは、神と富とに兼ね仕えることはできない。（ルカ一六の一三）

最後にイエスは、任せられた富を使う時に、それをゆだねられた方である神への忠誠を忘れてはならないことを語られます。富は神に仕える手段であって、私たちがそれに仕える主人であってはならないのです。所有物をどのように使うかによって、究極的に、私たちが仕えているのが誰であるかがわかります。神と富、この両者に同時に仕えることはできません。どちらか一方に必ずかたよります。所有物の使用は重要です。それによって人が神の主権を認めているか否かが問われています。

26　金持ちと貧乏人ラザロのたとえ

アルベルト・シュバイツァー

「密林の聖者」と言われたアルベルト・シュバイツァーは、二一歳のとき、「三〇歳までは学問と芸術に生き、三〇歳からは世のために尽くそう」と決意したそうです。三〇歳から医学を学び、アフリカの赤道直下のランバレネという町に行って、当地の住民への医療にその生涯を捧げました。彼をそう決心させるに至った思いについてこのように語っています。

「自分は自分の幸福な少年時代と健康と活動力とを、自明のこととして受け取る内面的な権利を持っていないということが、わたしにはだんだん明らかになってきた。最も深い幸福感からして、しだいにわたしには、わたしたちは自分のために自分の生命を保持すべきではないというイエスのことばに対する理解が、ふかまってきた。人生において多くの美しいものを手に入れたものは、その代わりにやはり多くのものを提供しなければならない。自分の苦悩をまぬかれた者は、他人の苦悩をかるくしてや

る責務を感ずべきである。わたしたちはこの世に存在している不幸の重荷を、みんなでいっしょに担わなければいけない」㉖

初めにこの「金持ちと貧乏人ラザロのたとえ」の解釈の上で留意すべきことは、これは実際の話ではなく、あくまでたとえであるということです。また、それは人の死後の状態のことを語るものでもなく、当時一般に人々が考えたりしていたことを用いたたとえにすぎません。

このたとえは「不正直な管理人のたとえ」に続いて、同じく、持ち物をいかに使うべきかというテーマに沿って、特にパリサイ人に対して語られています。彼らは富を貧しい人々のために用いることをしませんでしたが、そのような生き方は、彼らの永遠を決めることになるのでした。

たとえの後半では、今与えられている律法の声を真実に内的に聞かない者は、たとえキリストの復活があっても、イエスを信じず、悔い改めないと語られています。

金持ちとラザロ

ある金持がいた。彼は紫の衣や細布を着て、毎日ぜいたくに遊び暮していた。ところが、ラザロという貧しい人が全身でき物でおおわれて、この金持の玄関の前にすわり、その食卓から落ちるもので飢えをしのごうと望んでいた。その上、犬がきて彼のでき物をなめていた。この貧しい人がついに死に、御使たちに連れられてアブラハムのふところに送られた。金持も死んで葬られた。（ルカ一六の一九〜二二）

前のたとえの最後に、イエスは神と富とに兼ね仕えることはできないと教え、神に仕える者は富を愛してはならないと言われました。ルカによれば、この話を聞いて面白くなかったパリサイ人は、「欲の深い」（フィラルグロス／ギリシャ語）人たちでした。このことばは「フィレオー」（愛する）／ギリシャ語」と「アルグロス」（銀貨）／ギリシャ語」の合成語で、「金に執着する」を意味しています。

「神に忠実である者は祝福される」と律法の書で言われているとして、律法への忠実を自認する彼らは、富を自分たちが神に受け入れられている証拠とみなしました。しかし、彼らは受けた富を愛し、神に仕えることをしません。彼らは律法の字句に従って自分を高めるために施しをしましたが、貧しい人たちの必要をこころから覚えてその安寧のために尽くそうとしませんでした。このように、富を持つ者は苦しむ人々を顧みるようにという律法の精神を知ろうとせず、表向きの忠実さの裏に金銭を愛する貪欲を隠していたのです。イエスはパリサイ人にそのことを、このたとえで、まず明らかに示そうとされます。

ここに金持ちとラザロの著しい対比があります。紫の衣、細布は裕福な人の典型的な衣類です。この人は毎日、贅沢三昧《ぜいたくざんまい》、宴会を開いて食い飲みしていました。ところが、その家の玄関に全身できものだらけの一人の貧乏人が座り、その家の食卓から落ちるもので飢えをしのごうとしています。ユダヤ人が嫌う犬ができものをなめていても追い払う力もありません。なんと惨めな光景でしょう。この金持ちは自分の前にいるこの哀れな人のことなど眼中にありません。全くの無視、無関心です。

この貧乏人の名前は「ラザロ」です。イエスのたとえ話で人物に名前があるのは、この人だけです。その意味は「神は助けたもう」というもので、この世のどんな惨めな人にとっても神はいつも「助ける方」であられることを示唆しています。それなのに、その神に仕えるべき金持ちは、ラザロを助けようとしないで、自分のためにのみ生きていました。

たとえは、この両者の運命が、ふたりの死によって全く逆転されることを語っています。貧乏人ラザロは神の助けを受けて天国に迎え入れられ、金持ちはいわゆる地獄に落ちて火炎の中に苦しむのです。

黄泉の苦しみ

そして黄泉にいて苦しみながら、目をあげると、アブラハムとそのふところにいるラザロとが、はるかに見えた。そこで声をあげて言った、「父、アブラハムよ、わたしをあわれんでください。ラザロをおつかわしになって、その指先を水でぬらし、わたしの舌を冷やさせてください。わたしはこの火炎の中で苦しみもだえています」。アブラハムが言った、「子よ、思い出すがよい。あなたは生前よいものを受け、ラザロの方は悪いものを受けた。しかし今ここでは、彼は慰められ、あなたは苦しみもだえている。そればかりか、わたしたちとあなたがたとの間には大きな淵がおいてあって、こちらからあなたがたの方へ渡ろうと思ってもできないし、そちらからわたしたちの方へ越えて来ることもできない」

（ルカ一六の二三〜二六）

金持ちは火炎の中で苦しみながら、アブラハムに呼びかけ、必死で頼みます。アブラハムのふところにいるというのは、神の国に迎え入れられるという意味です。

「ラザロをつかわしてその指先を水で濡らし、わたしの舌を冷やさせてください」。いわゆる霊魂に指先があり、渇く舌があるのは、解釈としてはこれがたとえであることをあかしするものですが、アブラハム、つまり、神の答えは、両者の間には越えられない淵があって、願いに応えることはできないというものでした。この逆転の状況は死んでしまったら決定であり、決して元に戻ることはありません。

与えられている富や時間などの所有物は、その一切の主権者である神のみこころに従って用いられねばなりません。貧しい人、困窮する人がいるなら、その人たちは助けなければならないのです。そして、金持ちであること、あるいは貧者であること自体ではなく、誰であってもこの世でいかに生きたかが、その永遠を決定します。貧者を助けたことが功績になるのではなく、救い主による救いを受けて「どのように生きるか」が問われるのです。

モーセと預言者

そこで金持が言った、「父よ、ではお願いします。わたしの父の家へラザロをつかわしてください。わたしに五人の兄弟がいますので、こんな苦しい所へ来ることがないように、彼らに警告していただきたいのです」。アブラハムは言った、「彼らにはモーセと預言者とがある。それに聞くがよかろう」。金持が言った、「いえいえ、父アブラハムよ、もし死人の中からだれかが兄弟たちのところへ行ってくれましたら、彼らは悔い改めるでしょう」。アブラハムは言った、「もし彼らがモーセと預言者とに耳を傾けないなら、死人の中からよみがえってくる者があっても、彼らはその勧めを聞き入れはしないであろう」

（ルカ一六の二七〜三一）

さて、たとえはもう一つの視点からイエスを信じないパリサイ人たちの問題点を語ろうとしています。

困窮者を助けなかった自分の罪を知った金持ちは、同じように自己本位に生きている五人の兄弟たちが、このままだと自分と同じく、火炎の世界に来ることを悟ります。そこで彼は遅くならないうちに、神からの警告がなされるようにと願います。「ラザロを死人の中からこの世に返し、彼らに警告してください」。しかし、神からの答えは、彼らがもし、「モーセと預言者」に聞き従わなければ、たとえ、死人の中からよみがえる者があっても、彼らは悔い改めないであろうというものでした。

パリサイ人や律法学者たちの「モーセと預言者」、つまり旧約聖書（あるいは律法の書）の聞き方に問題がありました。彼らはその字句に忠実であろうとしましたが、貧しい人々への責任を示すその精神に目を閉ざしました。そして、律法が実は厳しく彼らにも語ろうとする、彼ら自身の霊的な貧しさ、罪の深さを認めようとしません。この高慢さが、彼らがイエスを救い主として信じることを妨げていました。そして、その「しるし」を見せよと求めていたのです。

イエスがここに「死人の中からよみがえってくる者があっても」と言われたのは、明らかにご自分の復活のことでした。やがてイエスは彼らに排斥されて十字架にかかり、よみがえることになります。彼らが求めていた「しるし」の最大のものである「復活」、歴史上最大の奇跡的出来事が起こっても、彼らはイエスを拒み、悔い改めませんでした。

すでに表されている神のことばに真実に聞こうとしない者は、どんなに奇跡的なことがあってもそれを語る方を信じて、自分の欲深いこころを悔い改めることはしないものです。さらに、自分の罪と貧しさを認めることはせず、救い主であるメシヤの復活に出会っても、結局彼を信じなかったのです。常に学ぶべきことは、今与えられているみことばを従順に聞いて、信じ、生きることです。

27 神の国はあなたがたのただ中に

数えてみよ、主の恵み

太平洋戦争直前に夫君と中国に渡って伝道した砂山節子さんは、終戦になっても、拉致された夫君と再会できず、帰国もできませんでした。さらには子を失い、失明するという不運に遭いながらも、神の恵みを讃えて生き抜きました。

「私はその病院の廊下を手探りに行きつ戻りつ、行きつ戻りつしながら、『主よ、私は内地から出てきて、愛するふたりの子供をおくり、主人の消息はわからず――多分、銃殺されたという噂はほんとうらしいということは、だいたいわかっておりました。――その上目が悪くなって、それでも……』と自問自答しておりましたときに、『数えてみよ一つずつ、数えてみよ一つずつ』というその讃美歌が心に浮かんできたものですから、私は子供のように一つずつ恵みを数え始めました。

おまえ、見えなくなっても、まだ歩けるじゃないか、まだ聞えるじゃないか、まだ話せるじゃないか。まず肉体的な恵みを一つずつ考えているうちに、『常に喜べ、絶えず祈れ、凡てのことに感謝せよ、これキリスト・イエスに由りて神の汝らに求めたもう所なり』という御言葉がはっきりと示されました」㉗

一〇人のハンセン病患者

イエスはエルサレムへ行かれるとき、サマリヤとガリラヤとの間を通られた。そして、ある村にはいられると、十人のらい病人に出会われたが、彼らは遠くの方で立ちとどまり、声を張りあげて、「イエスさま、わたしたちをあわれんでください」と言った。イエスは彼らをごらんになって、「祭司たちのところに行って、からだを見せなさい」と言われた。そして、行く途中で彼らはきよめられた。（ルカ一七の～一四）

イエスのエルサレムへの旅行はだんだん終わりに近づいてきました。このころ、イエスは「神の国」到来の時期についての質問に答えられましたが、ルカがその記述の直前に記した出来事は、その神の国の「恵み」における本質的な到来の現実を語っています。そして、そこには応答としての感謝と賛美があふれていたのです。

イエスは、北方からエルサレムに向かう右にサマリヤ、左にガリラヤという境界線を南下しておられました。互いに敵意を抱く両側の人々の境界地域は人家もない寂しいところです。その近くのある村の入り口でイエスの一行はある特別な集団と出会うのです。それは古代社会で忌まわしい病気として嫌悪されたハンセン病（「らい病」と訳されている）を含む重い皮膚病を患った一〇人の人々でした。

今日は治療可能なハンセン病は、当時はめったに治ることがない伝染病で、その患者は社会の中では人々との接触が禁じられていました。旧約聖書でもこの病気にかかった人は「汚れた者」とされ、宿営の外に離れて住み、人々が近づかないように自分を「汚れた者、汚れた者」と呼ばわらなければなりませんでした。

これは伝染病に対するやむを得ない処置であり、病人そのものが道徳的に汚れているわけではありません。ただ聖書では、病気一般を罪の結果としますので、身体形状の変化や神経麻痺を起こすこの病気にかかった人は、その回復には儀式的に罪の清めを必要とする「汚れた者」とされたのです。そのため彼らは、人々の間では天啓病とされ、病人自身そのように受け取って、人の集まらない地域に共同で孤立して住み、みじめな暗い生活を送っていました。

祭司に見せなさい

遠くに立ち止まり、大声で憐れみを請う彼らに、イエスは、ただ行って身体を祭司に見せるようにと言われます。この重い皮膚病が治ったかどうかは、祭司だけが診て判断できると律法に定められていたからです。祭司の儀式と回復宣言をもって元の生活に戻れたのです。

彼らはすぐそれに従い、祭司のところに身体を見せに急ぎました。そして、皆、その途中で、この重い皮膚病が治っていることに気づきます。大いなる神のわざがなされたのです。しかし、ルカの記述は、この奇跡的な身体の「いやし」自体を伝えようとするものではありません。それをどのように受け取ったかによって決定的に違ってくるその結果を語ろうとするのです。

帰ってきたサマリヤ人

そのうちのひとりは、自分がいやされたことを知り、大声で神をほめたたえながら帰ってきてイエスの足もとにひれ伏して感謝した。これはサマリヤ人であった。イエスは彼にむかって言われた、「きよめられたのは、十人ではなかったか。ほかの九人は、どこにいるのか。神をほめたたえるために帰ってきたものは、この他国人のほかにはいないのか」。それから、その人に言われた、「立って行きなさい。あなたの信仰があなたを救ったのだ」

（ルカ一七の一五〜一九）

一〇人のハンセン病人の中に一人のサマリヤ人がいました。彼は祭司に見せに行く途中に、自分が治ったことを知ります。なんということでしょう。自分を絶望のうちに閉じ込めてきたこの忌まわしい病が跡形もなく治っているのです。彼のこころの中には、このような病気をいやしてくださった方のことがいっぱいになりました。彼は一刻をも惜しむように、すぐ踵《きびす》を返し、「大声で神をほめたたえながら帰ってきてイエスの足もとにひれ伏して感謝した」のです。イエスはそのことを喜ばれました。しかし、同時に感謝を捧げに帰ってきた者が、この他国人一人であったことを嘆かれました。

「いやし」と「救い」

帰ってきたサマリヤ人に対し、イエスは、「あなたの信仰があなたを救ったのだ」と言われます。ここで使われているのは、「救う」という意味の「ソウゾウ／ギリシャ語」であって、この出来事の中でこれまで身体の「いやし」を表すのに用いられた「カタリゾウ／ギリシャ語」と区別されています。これは身体と魂を含めた全人的いやし、キリスト教信仰の「救い」を表すことばです。感謝のために帰ってこなかったほかの九人は「いやされた」のですが、「救われた」のではなかったのです。この違いは重要です。

その九人は身体の「いやし」に満足し、そのこころはそれを超えて、「いやされた」方を思うことがありませんでした。だから、その方のもとに帰ることにその本質がある救いを得ることができなかったのです。

ルカはこの物語の中で、究極的に人のどのようなあり方が救いに至らせるのかという最も重要な問いに答えようとしています。どうしてサマリヤ人は帰ってきて感謝を表し、あとの九人は帰ってこなかったのでしょうか。

ユダヤ人であり、選民意識を持っていたと考えられる後者の九人は、祝福を当然として受け取り、特別の感謝の思いを持つことはなかったのでしょう。また彼らは本来、神のもとに帰るべき身であるとは思わず、その必要も感じませんでした。

一方、前者のサマリヤ人は、異邦人の血が混じっているというのでユダヤ人から排斥され、裁かれるべき罪人とされていました。彼自身、自分は神の祝福に値しない、という思いがあったでしょう。その上に、彼はのろわるべき罪の病とされた重い皮膚病にかかっていたのです。イエスがしてくださったことは、彼にとって単に身体のいやしではなく、その方のもとから遠く離れて滅びる定めにあった自分を思いがけず受け入れてくださった神の恵みの救いそのものでした。イエスは「救い主」であられたのです!

神の国

神の国はいつ来るのかと、パリサイ人が尋ねたので、イエスは答えて言われた、「神の国は、見られるかたちで来るものではない。また『見よ、ここにある』『あそこにある』などとも言えない。神の国は、実にあなたがたのただ中にあるのだ」

（ルカ一七の二〇、二一）

この記述に続く場面で、パリサイ人の「神の国はいつ来るのか」との質問に、イエスは、それは「あなたがたのただ中にある」と答えられました。それは、やがて来る見える形での神の国を否定したのではなく、神の国は本質的に、イエスが今、救い主として来ておられるその人々のただ中に、それを信じる人々の応答と共にあるという意味でした。

自らを義とするユダヤ人たちは多くのイエスのいやしの奇跡を見ても、彼を救い主として信じることはありませんでした。しかし、自らに義とするものがない取税人、遊女、罪人と呼ばれる人々、サマリヤ人などは、イエスの救いを思いがけない恵みの「福音」として受け入れ、あふれる感謝を表しました。その人々は、たとえ目に見える祝福はなくても、苦しみや痛みの中にいても、感謝と喜びを持って歩んで行くのです。

イエスの「神の国」は高慢なユダヤ人たちには決して訪れることはなく、ただ、感謝のために戻ってきたサマリヤ人に代表される人々のただ中にすでに来て、経験されていたのです。

28　ふたりの礼拝者のたとえ

ファニー・クロスビー

生後六週間での風邪の治療過誤のために盲目になったファニー・クロスビーは、キリストによる救いを体験し、その神の恵みを歌うことに生涯を捧げ、八〇〇〇もの賛美歌を書いたと言われます。いつも不平を言わず、盲目であることを感謝していた彼女は、その理由について「この世で盲目であれば、目が見えるようになる天国で最初に見るお顔がイエス様のお顔になるからです」と述べています。

ある時、一番大切にしている信仰経験を聞かれたとき、「私は、いろいろと苦しみ悩むときに、これをこころのうちで繰り返し歌っています。そうするとこころに慰めが与えられます」と言って、作ったあと、長い間こころの中にしまっておいた「わたしの魂の歌」と呼ぶ賛美歌を公表しました。イエスとみ国で会う時のことを歌うこの賛美歌を聞いて、多くの人たちが涙したと言われています。

いのちのきずなの　絶たるる日はあらん
そのときたらば　みくににのぼりて
したしくわが主に　つげまつらまほし
「すくいをうけしは　みめぐみなりき」と㉘

やがて来る神の国

パリサイ人が、神の国はいつ来るのかと、質問したとき、イエスは、それはあなたがたのただ中にあると言われ、それが神の統治という本質においてすでにご自分の到来と共に来ていると語られました。

そして、さらに神の統治が充分になされる神の国が見える形で来る時のことを語られます。しかし、その到来までには、イエスを信じて神の国の住民となった人々は多くの反対や妨げに遭うことになります。それゆえ、そのみ国の到来のためにたゆまず、忍耐して祈るようにと教え、たゆまず祈れば、神はその妨げになるものを必ず取り除いてくださると約束されます。

実は自分自身がその最も大きな妨げになることがありうるのです。そうならないためには、どのように祈るべきかを、まことの祈りに関わる非常に大切なことを語られます。これが、「ふたりの礼拝者」のたとえです。それは、その国に迎え入れられる者はどういう人であるのかという、一般の人々の期待がどんでん返しを食う、ルカに特徴的な教えを語られているのです。

ふたりの礼拝者

自分を義人だと自任して他人を見下げている人たちに対して、イエスはまたこの譬をお話しになった。「ふたりの人が祈るために宮に上った。そのひとりはパリサイ人であり、もうひとりは取税人であった。（ルカ一八の九、一〇）

イエスがこのたとえを語られるのは、自分は神の前に義人であるとし、神に受け入れられる資格があると考える人たちに対してでした。特に律法を厳格に守ろうとするパリサイ人や律法学者たちは、一般大衆を律法に忠実でないとして見下げて、いわゆる律法を犯す罪人、遊女、取税人などは、のろわれた人々で神の祝福を受けることなどできないとしました。

イエスは、このいわば対照的なパリサイ人と取税人についての「ふたりの礼拝者のたとえ」を語り出されます。ふたりは同じ時に少し高いところにある神殿に祈るために上っていきました。神殿では、通常の日には朝と夕べの犠牲を捧げる時に礼拝が行われ、イスラエルの人々であればどんな人でも参加することができました。そうした儀式が終わったころ、個人的に祈りをする時が設けられていたのです。この話にあるふたりの祈りはこの時になされたものです。

ふたりの祈り

パリサイ人は立って、ひとりでこう祈った、「神よ、わたしはほかの人たちのような貪欲な者、不正な者、姦淫をする者ではなく、また、この取税人のような人間でもないことを感謝します。わたしは一週に二度断食しており、全収入の十分の一をささげています」。ところが、取税人は遠く離れて立ち、目を天にむけようともしないで、胸を打ちながら言った、「神様、罪人のわたしをおゆるしください」と。

（ルカ一八の一一～一三）

パリサイ人は律法に忠実に生きていると自認していました。彼らは、確かに、いわゆる不正や悪行、姦淫などは行わず、道徳的に宗教的に自分を律することができる人々であり、真面目な立派な信仰者という印象を人々に与えていました。さらに、律法の書には農作物や動物の十分の一を宮に捧げるという規定がありましたが、パリサイ人はそれをきちんと納めただけではなく、購入したものの十分の一も捧げました。それについては十分の一が捧げられていないかもしれないと心配したからです。また、断食についても、律法の書に実際は規定されていませんでしたが、民衆の罪のための禁欲的行為として、一週に二度、断食を行いました。

パリサイ人たちは一般の参詣者と違った別のところに整列して礼拝したと言われています。一般大衆は、彼らにとって「律法を知らない人」であり、そういう人たちと一緒にいると汚れるというので、一緒に行動することを好まなかったのです。このたとえに出てくる取税人などは、彼らの軽蔑する最下層の人たちでした。

当時よくユダヤ教の教師であるラビは、「わたしはほかの人たちのような○○でないことを感謝します」と祈ったそうですが、このパリサイ人もこれに倣ったのでしょう。彼は離れたところにいる取税人を軽蔑し、大声で参詣者が聞こえるように祈ったのです。「この取税人のような人間でもないことを感謝します」と。

パリサイ人と上ってきたという取税人はずっと後ろの方に立って動きませんでした。

自分についての軽蔑の祈りも人々のそうしたまなざしも彼には当然のことでした。「神様、そうです」とこころの中でその蔑《さげす》みを受けていました。彼は、何も神の前に自分を賞賛するものを持っていません。それどころか、神の民であるユダヤ人を抑圧する敵国ローマの役人となり、しかもそれによって富を得ている者でした。彼はまぎれもなく罪人であり、何一つ功績のない、哀れな罪人以外の何者でもありませんでした。

ユダヤ人の習慣では、彼らは手を胸の上で交差させ、目を天に向けて祈ったと言います。しかし、この哀れな取税人は、目を天に向けようともしないで、遠く離れて立ち、ただうつむいて、胸を打ちながら、低く弱い声で祈りました、「神様、罪人のわたしをおゆるしください」。胸を打つのは、罪を犯したことと悲嘆のしるしでした。

義とされた者

あなたがたに言っておく。神に義とされて自分の家に帰ったのは、この取税人であって、あのパリサイ人ではなかった。おおよそ、自分を高くする者は低くされ、自分を低くする者は高くされるであろう。

（ルカ一八の一四）

神の宮に上って、礼拝し、それから神に受け入れられないで、つまり、義とされないで帰った人があるとすれば、それは、律法を守らず、社会に罪人として見下げられていた人々であることは、非常に明らかなことでした。いわゆる罪人と言われる遊女や取税人といった人々は、神に受け入れられるはずは全くなかったのです。

しかし、イエスのそのたとえの中で「神に義とされて自分の家に帰った」のは、実に、この受け入れられるはずのなかった取税人であったと語られます。そして、必ず神に祝福されるはずのパリサイ人は、義とされないで帰って行ったというのです。なんというどんでん返しのたとえでしょうか。前述したように、ルカは、放蕩息子は父に迎え入れられ、金持ちと貧乏人ラザロは逆転の運命を辿るとしています。同じように、自分を高くし義人であるとしたパリサイ人は神に低くされて義とされず、自分を低くし、「罪人のわたしをあわれんでください」と祈った取税人は神に義とされて高められたのです。

取税人だけが本当の意味で祈りました。身を低くする者だけが本当に神を仰ぐからです。パリサイ人の祈りは独白です。自分を高くした彼は神を仰ぐことをしなかったからです。神は憐れみを求めた取税人を受け入れ、喜ばれました。ただ自分を低くすること自体に価値があるわけではありません。被造者である人間の存在は低所であり、創造者である神の前における本来の位置です。まして罪人のそれは神の前に高くなどありようがありません。自分を高くすること自体、本来の場所を超えた罪の本質をなすものにほかなりません。

このどんでん返しは「神の国の福音」の要諦を表しています。人間は堕罪によって失われている罪人です。自分でどんな良いことを行っても神の国に救われる義を得ることはできません。それはただ神の憐れみにより、イエスを信じる者に提供されています。自分では救われる資格が全くないのに、神の憐れみによって救われるという、これが「福音（良い知らせ）」と言われる所以《ゆえん》です。キリスト教の救いの核となる「信仰による義」の教えがこのイエスのたとえの中に表されているのです。

「ふたりの礼拝者のたとえ」は、やがて来る神の国の到来を祈る者は、それを妨げる最も深刻な妨げとなる自分を高くし義とする自己義認の精神を捨て、ただ自分を低くしへりくだって、憐れみを求めつつ、神に祈らなければならないと教えています。

29　失われたものを尋ね出して

マザー・テレサ

　コルコタの聖者と言われたマザー・テレサは、若いとき、コルコタで路上に横たわる貧しい人たち、病める人たちにこころを動かされ、「貧しい人たちの中の最も貧しい人たち」のために仕えなさいという神の召しを受けたと言います。そうした人々に全生涯を捧げたマザー・テレサは、現代人の最悪の病気は、自分は生きていても生きていなくても同じだと考える精神的な孤独、貧困だといろいろなところで語っています。

　彼女は三度ほど来日しましたが、講演の中で日本人に次のようなメッセージを残しています。

「日本はとても豊かな国です。でも、そんな日本にも、心が貧しい人たちが大勢います。それは、自分には生きている価値がないと思っている人たちです。そういう人たちにもっと目を向けてあげてください」

「貧しいことは、お金がないことや着るもの、食べるものがないことではありません。本当の貧しさは心のなかにあります。誰からも必要とされていない、愛されていないと思う心こそが、最大の貧しさなのです」㉙

エリコ

モーセとエリヤが、光り輝く姿に変貌したイエスと共に語り合っていたのは、「イエスがエルサレムで遂げようとする最後のこと」についてでした。ルカは、山から下りたイエスがその最後の目的地であるエルサレムに向かって歩まれた旅の記述を、多くのみ国についての説話を挟みながら進めて行きます。旅はいよいよその最後の目的地に上って行く入り口の町エリコまで来ました。福音書はここにエリコの出来事を記してその最終諸章に入っていくことになります。

エリコは、ユダヤとエジプトに通じる主要道路沿いにあり、古くから都に進む最も重要な通過門で、商品が集積し、大きな税関が置かれていました。ちょうど都では、過越という祭りが近づいており、多くの人々が集まって来ていましたが、この時は特別の関心がありました。エリコに入るすぐ前の道で、「ダビデの子よ、わたしをあわれんで下さい」と叫ぶ盲人をイエスはいやされました。「ダビデの子」とはメシヤの称号です。人々はメシヤの国がいよいよ到来し、ローマの支配からユダヤが解放され、覇権を握る時が来たのだと大きな期待に胸を膨らませていました。

ザアカイ

さて、イエスはエリコにはいって、その町をお通りになった。ところが、そこにザアカイという名の人がいた。この人は取税人のかしらで、金持であった。彼は、イエスがどんな人か見たいと思っていたが、背が低かったので、群衆にさえぎられて見ることができなかった。

それでイエスを見るために、前の方に走って行って、いちじく桑の木に登った。そこを通られるところだったからである。イエスは、その場所にこられたとき、上を見あげて言われた、「ザアカイよ、急いで下りてきなさい。きょう、あなたの家に泊まることにしているから」。そこでザアカイは急いでおりてきて、よろこんでイエスを迎え入れた。人々はみな、これを見てつぶやき、「彼は罪人の家にはいって客となった」

と言った。　　　　　　　　　　　　　　（ルカ一九の一～七）

この町の物品税務所で、税徴収にあたった取税人の長に、ザアカイという人がいました。当時、ローマ政府の徴税システムは腐敗していて、強奪や搾取などの不正により、取税人たちが私服を肥やすことは普通に行われていたようです。ザアカイは高い地位の役人でしたから、それだけ多く財を蓄えていたと思われます。ルカも、彼は「金持であった」と書いています。

ザアカイは、富も地位もある成功者であったかもしれません。しかし、この人は孤独でした。取税人の彼は人々に嫌われ、どこに行っても好意をもって迎える人などいませんでした。誰にも愛されず、疎まれこそすれ、誰からも必要とされることはありませんでした。家には富はいっぱいでしたが、こころには恐ろしいほどの空白があり、魂の空しさを感じていました。加えて彼は、不正に富を得る徴税人としての自分の身に後ろめたさを覚え、神の前に罪意識を深く持っていたようです。彼は飢え渇くように「救い」を求めていたと思われます。

ザアカイの耳に群衆のざわめきが聞こえ、多くの人々が動いてくるのが見えます。彼はイエスが町を通られるのを知ります。また人々の抱いているみ国への期待が伝わってきます。自分などは除外されるはずのみ国でした。しかし、ザアカイは、「イエスがどんな人か見たい」と思っていました。イエスに会いたいと思ったのです。

彼は、同じ取税人仲間からイエスのことを聞いていたに相違ありません。この方は普通のラビ（宗教上の教師）と違って、取税人の自分たちのことをこころにかけ、遊女や罪人と言われる人々をも温かく迎えてくれたというのです。ザアカイは懸命でした。イエスを見たいと群衆に近づきますが、背が小さくて中に入れず、また人々は入れてくれません。彼はめげません。先の方にいちじく桑の木があります。幹は短く、枝は四方に伸び、登りやすい木です。彼は走って行ってその木に登り、群衆が下を通り過ぎるのを待つのです。

「ザアカイよ、急いで下りてきなさい」

全く耳を疑う瞬間でした。彼が目を凝らして見ていると、群衆がその木の下でピタリと立ち止まります。その中心におられる方が立ち止まられたからです。イエスです。彼はまっすぐザアカイを見上げて、信じられない声かけをされるのです。「ザアカイよ、急いで下りてきなさい。きょう、あなたの家に泊ることにしている」と。

初めてお会いする方、自分の名前など知る由もない方が、「ザアカイよ」と呼ばれます。これは、実に天からの声でした。ザアカイにははっきりわかりました。この方は私を知っておられる、私のすべてを、私が空しくさびしい孤独の中で、この方を切なく求めて、悔いつつここまで来ていることを。

それだけではありません。彼はこの方に会いたいと懸命でしたが、実はこの方の方から彼に会いに来ておられたのです。自分などは受け入れてもらえるはずもない方が、「あなたの家に泊まることにしている」と、ザアカイとの特別な交わりをすでに定めておられたのです。ザアカイは夢中でした。急いで木から下りてイエスを自分の家に案内します。周りの者のつぶやきなど耳に入りません。彼のこころはただ一つの思いでいっぱいでした。この方は人々に憎まれ、軽蔑された自分の家に泊まることにしておられたのだ。

「きょう、救がこの家にきた」

ザアカイは立って主に言った、「主よ、わたしは誓って自分の財産の半分を貧民に施します。また、もしだれかから不正な取立てをしていましたら、それを四倍にして返します」。イエスは彼に言われた、「きょう、救がこの家にきた。この人もアブラハムの子なのだから。人の子がきたのは、失われたものを尋ね出して救うためである」

（ルカ一九の八、九）

彼はイエスにつぐないを申し出ます。神の前に自分のしてきたことの罪深さを示されてこころから悔い、このような者を顧みられる神を思うと、そうせざるを得ません。重い四倍の賠償はむろん、律法の規定を超えて、彼は財産の半分を貧しい人に施しますと言います。また、このイエスとの出会いを受けて、自分中心にしか生きてこなかった彼のこころに、確かな変化が起こっていました。貧しい人々のために生きようとする思い、その中に生きる意味を見出している新しいザアカイがいました。

イエスは言われます。「きょう、救がこの家にきた。この人もアブラハムの子なのだから」と。この家とはザアカイの家の使用人も含めた家族のことです。アブラハムは、神が恵みを信じる彼とその子孫との間に救いの契約を結ばれたユダヤ人の始祖です。ザアカイは神の道をそれていましたが、今、神の憐れみに身を寄せ、その恵みにあずかることができたのです。失われた者が帰ってきたのです。この人も紛れもなく救いの契約にあずかるべきアブラハムの子でした。

イエスは、今、エルサレムに向かってみ国の樹立のために最後の道を進もうとしておられました。人々はメシヤによるユダヤの覇権の実現を期待していました。しかし、イエスがこの世に来られ、エルサレムで成し遂げようとしておられたことは、人々の期待とはなんと大きく、隔たっていたことでしょうか。イエスは、エルサレムで「最期を遂げようと」しておられたのです。彼の向かうところは人々の思いも寄らない十字架の死でした。

「失われたものを尋ね出して救う」ことがイエスの目的でした。これは、人が神を探すのではなく、神が人を尋ね出して、ご自身のおこころの中で定められた救いを提供されるという永遠の救いのご計画で、メシヤの死という一点において実現されるものでした。神の愛のおこころの深さは人の思いを超絶していたのです。

第四部

30　エルサレム入城

カール・バルト

すべての人が人生の最後に必ず行くべきところがあります。この深刻な死の現実を、二十世紀の代表的な神学者カール・バルトは、平易にまた実際的な筆致で、しかし鋭く、次のように描いています。

「われわれは、やがていつか、葬られるであろう。やがていつか、一群の人々が、どこかの墓地に出かけて行くであろう。そして一つの棺を埋めて、皆家路につくであろう。しかし、一人だけは帰らない。そして、それが私であろう。人々が私を、生きた人間の国では余計な邪魔ものとして葬るということ――それが死の印章であろう……人生とは何であろうか。それは、墓に向かって急ぐということである」㉚

神の国の福音

人間をこのバルトの言う人生の最後にある死から救うために、「救い主」イエスはその生涯の最後の一週に入ろうとしておられます。この救い主を描く福音書の最後の場面は、イエスのエルサレム入城という出来事をもって始められています。「ルカによる福音書」は、初めからエルサレムを目指してきました。それは、そこにおいてイエスのメシヤとしての使命が達成されるからです。

ガリラヤから始まり、これまで宣べ伝えられてきたメッセージは、「神の国は近づいた、悔い改めて福音を信じなさい」というもので「神の国の福音」と呼ばれます。「神の国」とは、罪をゆるされて、真実と愛と平和のうちに生きる永遠の国のことで、イエスがメシヤとしてエルサレムにおいて成し遂げられるみわざに基づいて、本質的に到来します。元来「神の統治」という意味の神の国は、人のこころの奥底にまで及ぶ愛の統治として、こうして始まり、やがて永遠に至るのです。いよいよその最後の局面が始まろうとしています。

ろばの子に乗って

イエスは……先頭に立ち、エルサレムへ上って行かれた。そしてオリブという山に沿ったベテパゲとベタニヤに近づかれたとき、ふたりの弟子をつかわして言われた、「向こうの村へ行きなさい。そこにはいったら、まだだれも乗ったことのないろばの子がつないであるのを見るであろう。それを解いて、引いてきなさい。もしだれかが『なぜ解くのか』と問うたら、『主がお入り用なのです』と、そう言いなさい」

そこで、つかわされた者たちが行って見ると、果して、言われたとおりであった。彼らが、そのろばの子を解いていると、その持ち主たちが、「なぜろばの子を解くのか」と言ったので、「主がお入り用なのです」と答えた。そしてそれをイエスのところに引いてきて、その子ろばの上に自分たちの上着をかけてイエスをお乗せした。

（ルカ一九の二八～三五）

エルサレムへの道は、エリコから上ってオリブ山に沿って進み、それから道を下って門に入ります。イエスと共に行く弟子たちや群衆は、メシヤ到来の期待に胸を膨らませ、熱気に包まれていました。イエス自身も、入城にあたってこれまでにはなかった行動を取られます。誰も乗ったことのないろばの子を連れてこさせ、弟子たちが上着をかけたそのろばの背にまたがって、入城しようとされるのです。誰も乗ったことのないというのは、神のための聖なる用途を意味しています。

ろばの子が連れてこられる様も、不思議でした。弟子たちが遣わされたところには、ろばの子がいたこと、その持ち主に「主がお入り用なのです」と言うと、そのまま渡してくれたこと、これらにはイエスの配剤を感じます。

加えてこのイエスの行動には、あるはっきりした意味が込められていました。それは、ゼカリヤ書（旧約聖書）にある「メシヤ預言」のとおりに、王として行動されたことです。「シオンの娘よ、大いに喜べ、エルサレムの娘よ、呼ばわれ。見よ、あなたの王はあなたの所に来る。彼は義なる者であって勝利を得、柔和であって、ろばに乗る。すなわち、ろばの子である子馬に乗る」（ゼカリヤ九の九／口語訳、九の一〇／新共同訳）

歓喜の声で

そして進んで行かれると、人々は自分たちの上着を道に敷いた。いよいよオリブ山の下り道あたりに近づかれると、大ぜいの弟子たちはみな喜んで、彼らが見たすべての力あるみわざについて、声高らかに神をさんびして言いはじめた、「主の御名によってきたる王に、祝福あれ。天には平和、いと高きところには栄光あれ」。ところが、群衆の中にいたあるパリサイ人たちがイエスに言った、「先生、あなたの弟子たちをおしかり下さい」。答えて言われた、「あなたがたに言うが、もしこの人たちが黙れば、石が叫ぶであろう」

（ルカ一九の三六～四〇）

これまで極力身分を隠そうとされたイエスは、この時を境に民衆の前にはっきりと、「私はメシヤであり、王である」と公言されます。人々は待ちに待ったメシヤの到来の時だと確信し、「主の御名によってきたる王に、祝福あれ。天には平和、いと高きところには栄光あれ」と賛美しました。また、しゅろの枝を道に敷き、上着を広げて、王としてのイエスを迎えるのです。

パリサイ人たちは歓呼の声で迎える民衆を黙らせようとしますが、人々は聞き入れません。しかたなくローマに対する騒乱罪になるからなどとして、イエスに黙らせるようにと抗議します。しかしイエスは、「人々が黙れば石が叫ぶ」と言われ、これら一切が神の手の内でなされていたことを明らかにされました。

十字架への道

イエスはどうしてこのような示威行動をとられたのでしょうか。彼は、人々の抱くメシヤ像とその期待が大きく真実とかけ離れていることをよくご存じでした。この入城から一週もしない五日目には、イエスは十字架にかけられるのです。それでもイエスは、彼らの期待に応えるかのように王として行動しておられます。それは、ご自分に注がれる人々の目を、あえて言うならば、全世界の人々の目を、イエスのメシヤとしての使命達成へ、しかも、誰も想像し得なかった十字架上での死という驚愕の局面へと向けていくためでした。この十字架のイエスをメシヤとして受け入れるかどうかに、人類の永遠のいのちがかかっていたからです。

平和をもたらす道を知ってさえいたら

いよいよ都の近くにきて、それが見えたとき、そのために泣いて言われた、「もしおまえも、この日に、平和をもたらす道を知ってさえいたら……しかし、それは今おまえの目に隠されている。いつかは、敵が周囲に塁を築き、おまえを取りかこんで、四方から押し迫り、おまえとその内にいる子らとを地に打ち倒し、城内の一つの石も他の石の上に残して置かない日が来るであろう。それは、おまえが神のおとずれの時を知らないでいたからである」

（ルカ一九の四一～四四）

こうして一行は、その中央に壮麗な神殿が見えるエルサレムを眼下に一望できる地点まで来ます。人々の歓喜の叫びはいよいよ高まりました。

ところが、イエスは沈痛な面持ちで立ち止まられます。そして、その目から大粒の涙があふれ、震える口から号泣の嘆きが聞かれます。イエスは、今は歓呼する民が、すぐにご自分を拒絶し、十字架につけることを知っておられました。その結果、民は神に捨てられ、都は敵の攻撃により滅ぼされることになります。イエスは、目前のこの壮麗な光景の背後に、愛された都の悲惨極まりない滅亡の光景をご覧になりました。そのため彼のこころは張り裂け、「平和をもたらす道を知ってさえいたら」と身をよじって慟哭《どうこく》されたのです。

平和とは、十字架による神との和解です。神からの和解という方がより適切でしょう。しかし、この秘儀は彼らの目には隠されています。彼らは、「神の訪れの時」を知らないでいたのです。イスラエルはメシヤを拒み、国として滅びを受けることになります。

都は、紀元七〇年にローマ軍によって徹底的に破壊され、焼かれることになるのです。

永遠の平和への招き

ここに、人の滅びを無上に悲しまれる神の姿があります。同時に、それは、人の救いを限りなく切望される神の姿です。聖書の語るところによると、神は人を永遠に生きる者として創造し、まことの喜びと平安のうちに、真実と愛の道を歩ませられました。ところが人は、その神の道を離れ、自分の好みに従って自分本位に歩むようになります。ここに人の罪があります。人はその罪のために死ぬ者となり、哲学者のハイデッガーの言う「死に向かう存在」となりました。私たちは、永遠の滅びを宣告されているのです。

神が私たちを救うために取られた道こそ、自ら、その身に人の罪を負って身代わりになろうとする道であり、今、イエスはエルサレムで遂げるべき十字架での最期に赴こうと、その城門を通ろうとしておられたのです。彼の死を通して罪人への和解が提供されています。私たちは、その十字架における永遠のいのちの約束と、まことの平和に招かれているのです。

31　ぶどう園のたとえ

アッシジの聖フランシスコ

軽井沢の聖パウロ教会玄関には、「聖フランシスコの平和の祈り」が掲げてあるそうです。この祈りの作者であるアッシジの聖フランシスコの極みまでイエスに倣った愛と清貧の生涯は、マザー・テレサやシモーヌ・ヴェイユにも深く感銘を与え、キリスト教倫理史に際立った足跡を残しています。

裕福な家の出であった彼は若いとき遊興に身を任せましたが、戦争捕虜や重病の苦しみを経て空しい生活を悔い、回心に導かれます。身を低くして人になられた神の子キリストの苦難を思い、自らも一切の所有を捨てて、救癩院などで病人を看護し、貧者を助ける生活に入っていくのです。晩年、山でイエスの苦難を瞑想して下山、二年のうちに病が重くなり、四四年の生涯を閉じたと言われます。

ある時、寝所でフランシスコの隣に寝ていた人が伝えています。眠っていると思っていた彼は床の上に静かに起き上がって、手を天に差し伸べ「わが神よ、わが神よ」

と小声で言います。涙がとめどなく流れてそれ以上言えません。泣きながら「わが神よ」を繰り返し、夜明けに至りました。人々が起きるころ、身を横たえて眠りに入ったそうです。フランシスコのこころをとらえていたのは、彼を救うために独り子をもお与えになった神の愛、そしてそのみ子の痛みの他には何もありませんでした。

権威を問う

イエスがナザレの会堂で「貧しい人々に福音を宣べ伝え、囚人を解放し、打ちひしがれた者に自由を与える」というメシヤ預言の成就宣言をもってメシヤとしての生涯を始められたときから、イエスのこの話に、異邦人を含む罪人を受け入れられる神の恵みを感じ取ったユダヤ人は、イエスを敵視し、彼を亡き者にしようとする企てを続けていきます。そして、およそ三年半を経て、いよいよこの闇の目的を果たす最後の一週を迎えていました。

ある日、イエスが宮で人々に教え、福音を宣べておられると、祭司長や律法学者たちが、長老たちと共に近寄ってきて、イエスに言った、「何の権威によってこれらの

事をするのですか。そうする権威をあなたに与えたのはだれですか、わたしたちに言ってください」（ルカ二〇の一、二）

前章によると、イエスはエルサレムに入られて、毎日宮に行って人々に福音を語っておられましたが、そこには、ユダヤの宗教指導者たち、宮の管理をする祭司長、律法学者、また民衆の主だった者たちがいて、「イエスを殺そう」（ルカ一九の四七）とその機会を狙っていました。

当時、宗教的教師はいわゆる当局からの認証を持っていなければなりませんでしたので、彼らはイエスを人々の前に貶《おとし》めようとしてその権威を問うたのです。その魂胆がわかっていたイエスは、逆に、彼らに「ヨハネのバプテスマは、天からであったか、人からであったか」（ルカ二〇の四）と問われます。彼らはイエスをメシヤだと証言したヨハネの権威を「神からです」とは言えず、また彼を預言者だと信じていた群衆の手前、「人間からです」とも言えません。そこで「わかりません」と言った彼らに、イエスも「では、私も何の権威によってこれらの事をするのか言うまい」と答えられました。

ぶどう園を造って

そこでイエスは次の譬を民衆に語り出された、「ある人がぶどう園を造って農夫たちに貸し、長い旅に出た。季節になったので、農夫たちのところへ、ひとりの僕を送って、ぶどう園の収穫の分け前を出させようとした。ところが、農夫たちは、その僕を袋だたきにし、から手で帰らせた。そこで彼はもうひとりの僕を送った。彼らはその僕も袋だたきにし、侮辱を加えて、から手で帰らせた。そこで更に三人目の者を送ったが、彼らはこの者も、傷を負わせて追い出した。

（ルカ二〇の九〜一二）

イエスが語り出されたのは、民衆に対してでした。しかし、このたとえが向けられていたのは、先ほどからイエスの権威を問うて民衆へのイエスの話を遮ってきた祭司長たち、イスラエルの宗教的指導者たちでした。

ここに「ぶどう園」と言われているものは、旧約聖書に従えば、神が実を実らせることを願って世に建てられたイスラエルの国であることは、指導者たちにはすぐわかったはずです。「ぶどう園の主人」は神ご自身、「農夫たち」は、「イスラエルの指導者たち」、つまり自分たちです。そして主人が収穫を集めようと園に送った「僕」とは、神がイスラエルの国に送った預言者たちでした。

神は、罪のために失われた世に、彼らを救おうとする恵みの神の知識を保たせ、神の代表者としてその愛と義の神をあかしする民を持とうとされたのです。イスラエルの民です。そして彼らが、世にあって救いの道を示し、すべての国を照らす光となり、愛と義の実を実らせることを願われました。

ところが、彼らは神のこころを知らず、義の道から離れ、自己を追求する罪の道に歩みました。そこで神は、預言者たちを遣わし、彼らが悔い改めて神に帰り、その務めを行うようにと求められました。しかし、彼らは、これら預言者の声に耳を傾けず、その神よりの権威に逆らい、彼らを排斥し、苦しめ、痛めつけるのです。「その先祖の神、主はその民と、すみかをあわれむがゆえに、しきりに、その使者を彼らにつかわされたが、彼らは神の使者たちをあざけり、その言葉を軽んじ、その預言者たちをののしった」(歴代志下三六の一五、一六) と書いてあります。

わたしの愛子

ぶどう園の主人は言った、「どうしようか。そうだ、わたしの愛子をつかわそう。

これなら、たぶん敬ってくれるだろう」。ところが、農夫たちは彼を見ると、「あれはあと取りだ。あれを殺してしまおう。そうしたら、その財産はわれわれのものになるのだ」と互に話し合い、彼をぶどう園の外に追い出して殺した。そのさい、ぶどう園の主人は、彼らをどうするだろうか。彼は出てきて、この農夫たちを殺し、ぶどう園を他の人々に与えるであろう。人々はこれを聞いて、「そんなことがあってはなりません」と言った。

（ルカ二〇の一三～一六）

ここにイエスは、このたとえ話に至って初めて、本来神が人の救いのために送ろうとしておられた驚くべきお方、つまり、イエスご自身を、これほどにはないはっきりした間違いようのない呼び方で、話の中に導入されます。「わたしの愛子」です。人の救いのために遣わされた方が神の愛する独り子であるという聖書の伝える神の愛の奥義、恵みの真髄が、ここにたとえの形で示されているのです。

そして、聞いている指導者たちはイエスによって、自分たちのするであろう最も恐ろしい反逆の行為をたとえの中で告発されていました。つまり、農夫たちはその「神の愛子」を園の外に追い出して殺害することになるのです。「ぶどう園のたとえ」は、イスラエルの指導者たちがイエスに対して行うこの殺害行為の預言そのものでした。

福音書の記録によると、彼らはイエスをエルサレムの城外の処刑場まで引いていって十字架につけたのでした。

このたとえ話を聞いた人々は「そんなことがあってはなりません」と言いました。あってはならないことがこれから起ころうとしていたのです。イエスはぶどう園の管理はほかの者に与えられると語られますが、ほかの者とは、これから生まれて来る異邦人を中心にした「教会」を指しています。

隅のかしら石

そこで、イエスは彼らを見つめて言われた、「それでは、『家造りらの捨てた石が／隅のかしら石になった』と書いてあるのは、どういうことか。すべてその石の上に落ちる者は打ち砕かれ、それがだれかの上に落ちかかるなら、その人はこなみじんにされるであろう」。このとき、律法学者たちや祭司長たちはイエスに手をかけようと思ったが、民衆を恐れた。いまの譬が自分たちに当てて語られたのだと、悟ったからである。

（ルカ二〇の一七～一九）

イエスはこのようなことがすでに聖書の詩篇の中で別の形で言われていたことを明らかにされます。イエスは、「家造りら」（つまりイスラエルの指導者たち）によって捨てられる石です。しかし、この石こそ、人々が本当により頼むことのできる「隅のかしら石」になるのだと言われます。「隅のかしら石」とは、当時の石の建築において建物の壁が合わさる四隅などに置かれた土台石のことで、建築物にとって最も重要な土台石です。恵みの「教会」は受難のイエスの上に建てられます。この「神の愛子」の受難は恵みの神による救いの計画の中核に置かれていくのです。

イエスという石の上に落ちる人の傲慢な自我は砕かれて、その恵みに寄りすがり、救われていきます。しかし、イエスを受け入れない者の上にはイエスご自身の裁きの石が落ちかかって彼を粉砕するのです。

恵みに逆らってきたユダヤの指導者たちは、イエスを十字架につける彼らの破滅の行為をこの週の終わりに実行することになります。イエスの「ぶどう園のたとえ」は、このイスラエルの反逆の歴史を語り、それによる救いの歴史の核心の出来事を語るものです。

32　み国の予兆

ロバート・リー将軍

南北戦争での南軍の名将ロバート・リー将軍は教育者としても知られる人格者でした。彼はその講演の中で「義務」についてのある興味深い逸話を語っています。

「一〇〇年ほど前、『暗黒日』として知られる真っ暗な暗闇の日がありました。太陽の光がまるで日蝕《にっしょく》のように消えていったのです。ちょうどコネチカット州議会の開会中でしたが、議員たちは予期しない不可思議な暗闇に恐れおののき、『最後の審判』が来たのだと言い合いました。ある人が狼狽《ろうばい》して休会動議を出したとき、デイベンポートというピューリタンの老議員が、『私は、たとえ、今、最後の日が来たのだとしても、自分の場所で自分の義務を遂行していたいと思います』と言って、ろうそくでの会議続行を提案したそうです」(31)

イエスは主の祈りの中で、「御国がきますように」と祈るように教えられました。「神の統治」を意味する「御国」（神の国）は、すでにイエスをメシヤと信じる人たちのうちに「見えない」形で本質的に来ていましたが、その統治が全地のすべてに及ぶ栄光の神の国として「見える」形でやがて到来するのです。それは、失われた人類を救う神の計画が完成する神の最終的な訪れの時でした。

エルサレムに入城し、生涯最後の一週を過ごすとき、宮、すなわち神殿についてのイエスのことばに喚起された弟子たちの質問に答えて、イエスはこの世の終わりに来る「神の国」についての説話を語られます。

終わりのしるしは？

エルサレムにあった当時の世界でひときわその壮麗さを誇るこの神殿について、人々がその美しさと堅牢さを讃えていたとき、イエスはこの神殿は徹底的に破壊されるであろうという驚愕のことばを語られました。それを聞いた弟子たちは世の終わりが来るのだと思い、「先生、では、いつそんなことが起るのでしょうか。またそんなことが起るような場合には、どんな前兆がありますか」（ルカ二一の七）と聞いたのです。

これに答えてイエスは、神殿の崩壊するエルサレムの滅亡と、本当は長い人間歴史のあとに来るこの世の終わりとを、彼らの限りある理解力に合わせて二重に重ねて語り、それに至る予兆的な出来事を大まかに描写し、それに対応すべき心構えを説かれました。

まずイエスは、その終わりのしるしをざっと概観して語られます。

多くの者がわたしの名を名のって現れ、自分がそれだとか、時が近づいたとか、言うであろう。彼らについて行くな。戦争と騒乱とのうわさを聞くときにも、おじ恐れるな。こうしたことはまず起らねばならないが、終りはすぐにはこない。……民は民に、国は国に敵対して立ち上がるであろう。また大地震があり、あちこちに疫病やききんが起り、いろいろ恐ろしいことや天からの物すごい前兆があるであろう。

（ルカ二一の八〜一一）

メシヤを名乗り「時は近づいた」などと人々を惑わす偽預言者が出てきても信じてはいけません。国家の争いや民族の対立なども起こってきますが、そのまま終わりではありません。戦争や対立は、終わりが近づくにつれてその規模は大きくなり、自然界の地震なども地球規模になっていくことでしょう。

あかしの機会

しかし、これらのあらゆる出来事のある前に、人々はあなたがたに手をかけて迫害をし、会堂や獄に引き渡し、わたしの名のゆえに王や総督の前にひっぱって行くであろう。それは、あなたがたがあかしをする機会となるであろう。（ルカ二一の一二、一三）

イエスは、終わりはすぐに来ると期待する弟子たちに、彼らが注意を向けるべき非常に大事な彼らの現在について語られます。将来の、栄光と希望に満ちた終わりの前に、苦難の時が来ます。エルサレムが滅びる前に弟子たちは多くの苦しみを受け、世の滅ぶ終わりの前にも、イエスを信じる者は長い期間、迫害の苦難の歴史を辿っていくのです。

しかし、その「時」は、彼らにとってその信仰をあかしし、福音の証言をする貴重な機会となります。やがて来る「神の訪れ」を待つ者は、今ここにある「神の訪れ」の中で、この苦難のただ中においてさえ彼らの近くにおいでになる神をあかしする大切な務めを負っているのです。信じる者をご自身の苦難において救い、永遠のいのちの約束によっていかなる艱難の時にも支えられる福音の神のあかしです。

エルサレムの滅亡

イエスは神殿の崩壊を予告されましたが、すでに、エルサレム入城の時に、この都の滅亡について慟哭の涙を流して語っておられました。それはイスラエルの指導者たちが「神の訪れの時」を知らないでいたからです。イエスは、パリサイ人の「神の国はいつ来るのか」という質問に「あなたがたのただ中にあるのだ」と言い、神は今、本質的にご自身において訪れていることを語られました。しかし、指導者たちはそのイエスを信じません。神殿を誇りにしていた指導者たちは、その不信のゆえに裁かれていくのです。

エルサレムが軍隊に包囲されるのを見たならば、……ユダヤにいる人々は山へ逃げよ。市中にいる者は、そこから出て行くがよい。また、いなかにいる者は市内にはいってはいけない。それは、聖書にしるされたすべての事が実現する刑罰の日であるからだ。……この民にはみ怒りが臨み、彼らはつるぎの刃に倒れ、また捕えられて諸国へ引きゆかれるであろう。そしてエルサレムは、異邦人の時期が満ちるまで、彼らに踏みにじられているであろう。

（ルカ二一の二〇～二四）

紀元六六年から七〇年にかけて、ユダヤ戦争が起こりました。ローマの軍隊がエルサレムを包囲しようとしたとき、イエスを信じる信者たちはキリストのことばを思い出し、すぐ町を出てヨルダン川の東部、ペレア地方の山地に逃れました。彼らは一人もいのちを失う者がなかったと言われています。

ユダヤ人たちは神が救われると言って都に残りましたが、助けは来ず、紀元七〇年、ついに城壁は破られ、神殿は燃え上がって都は滅んでいきます。実際にエルサレム滅亡時のユダヤ人の死者は一一〇万人、捕虜六〇万人という記録があります。イスラエルに対する審判の滅びでした。

エルサレム崩壊の後に「異邦人の時期」があるとイエスは言われましたが、このことばは、あの「ぶどう園のたとえ」でイスラエルの不信のゆえにその管理が異邦人に移されると言われたことを指しています。こうして福音が異邦人に宣べ伝えられ、世界的にキリスト教会が発展していく、その終わりまでの長い時代を語っていると考えられています。

日と月と星とに

また日と月と星とに、しるしが現れるであろう。そして、地上では、諸国民が悩み、海と大波とのとどろきにおじ惑い、人々は世界に起ろうとする事を思い、恐怖と不安で気絶するであろう。もろもろの天体が揺り動かされるからである。そのとき、大いなる力と栄光とをもって、人の子が雲に乗って来るのを、人々は見るであろう。これらの事が起りはじめたら、身を起し頭をもたげなさい。あなたがたの救が近づいているのだから」

（ルカ二一の二五〜二八）

人類の歴史も進み、予告された教会の苦難の時が終わるころ、「日と月と星」とにしるしがあって、いよいよ、終わりの近い世紀を知らせると言われています。マルコによると「日は暗くなり、月はその光を放つことをやめ、星は空から落ち、天体は揺り動かされる」（マルコ一三の二四、二五）というしるしで、真の原因は知られていないという前述の「暗黒日」（一七八〇年五月一九日）や有史以来の規模という「大流星」（一八三三年一一月一三日）を指すと考えることができます。

またイエスが語られたしるしの戦争はその規模を際限なく大きくし、大地震や大津波などの天変地異も頻発して、人々は恐怖や不安で気絶すると言われる時が来ます。そして、最後には、地球の秩序が激変する超自然の現象のうちに、「人の子」（イエス）が栄光をもって降りてくると語られました。人類の救いが完成する終末の「神の訪れ」です。

いちじくの木

それから一つの譬を話された、「いちじくの木を、またすべての木を見なさい。はや芽を出せば、あなたがたはそれを見て、夏がすでに近いと、自分で気づくのである。このようにあなたがたも、これらの事が起るのを見たなら、神の国が近いのだとさとりなさい。……あなたがたが放縦や、泥酔や、世の煩いのために心が鈍っているうちに、思いがけないとき、その日がわなのようにあなたがたを捕えることがないように、よく注意していなさい。……これらの起ろうとしているすべての事からのがれて、人の子の前に立つことができるように、絶えず目をさまして祈っていなさい」

（ルカ二一の二九〜三六）

イエスはいちじくの木、あるいは、すべての木の芽吹きに注意を向けさせます。植物はその芽吹きの「時」が来れば必ず芽を出します。逆に芽吹きはその「時」を知らせてくれます。いちじくの木は春に実をつけ、夏に葉が出る芽吹きの最も遅い木で、その芽吹きは確実に夏がすでに近いことを語っています。これと全く同じように、これらのしるしを見たら、確実にみ国が近づいていることを知りなさいと言われます。

しかし、もし人が世俗の生活にどっぷりつかり、放縦に溺れ、物質的なものにこころを奪われているなら、その日はわなのように思いがけない時に来るとイエスは警告されます。やがて来られるキリストの前に立ちたいなら、いつ、その「神の国」が来てもよいように祈りをもって生き、「神の国」の現在に生きて、いつも備えていなければなりません。

イエスが語られるみ国のしるしは、いつの世にあってもやがては必ずその時が来ることを知らせ、特にその時代にあってはその切迫する時の確実性に目を開かせ、見えない世界の現実に対峙させるものです。最終の「神の訪れ」を待つ者は、常に現在の「神の訪れ」に生きていくように求められています。

33　最後の晩餐

メサイヤ

毎年、クリスマスのころによく演奏されるオラトリオという宗教音楽があります。ヘンデル作曲の「メサイヤ」です。ヘンデルは、部屋にこもって誰とも会わず、充分に食事もせず、天を仰ぎ、ひざまずき、涙を流しつつ祈って、二四日間で書き上げたと言われています。メシヤとしてのキリストの誕生、宣教、受難、復活などを三部に分けて歌い上げています。その第二部の受難の章、第二一番では、哀切を込め、最も激しく、悲痛に、聞く者のこころを打たずにいられないメロディのもとに、私たちの罪の悲しみを負われたメシヤを歌うのです。

まことに彼はわれらの悩みを負い
われらの悲しみをになえり
彼はわれらの罪のために傷つき

われらの不義のために痛手をうけ
われらの平安のために
みずからこらしめをうけたもう㉜

メシヤであるイエスは、今、十字架の前夜の食事、あのダ・ヴィンチの有名な絵画「最後の晩餐」の場面に臨もうとしておられます。

過越の小羊

さて、過越の小羊をほふるべき除酵祭の日がきたので、イエスはペテロとヨハネを使いに出して言われた、「行って、過越の食事ができるように準備をしなさい」。彼らは言った、「どこに準備をしたらよいのですか」。イエスは言われた、「市内にはいったら、水がめを持っている男に出会うであろう。その人がはいる家までついて行って、その家の主人に言いなさい、『弟子たちと一緒に過越の食事をする座敷はどこか、と先生が言っておられます』

すると、その主人は席の整えられた二階の広間を見せてくれるから、そこに用意をしなさい」。弟子たちは出て行ってみると、イエスが言われたとおりであったので、過越の食事の用意をした。
（ルカ二二の七〜一三）

イエスのエルサレム入城から五日目、ここに、ルカは、「過越の小羊をほふるべき除酵祭の日がきた」と、ユダヤ社会にとって、最も重要な祭りの日が来たことを語っています。除酵祭とは過越の祭りに続くものですが、通常、両方の祭り全体を過越の祭りと呼んでいます。

過越の祭りは、イスラエルの民がエジプトの奴隷の苦役から救い出されたことを記念する祭りです。その脱出のとき、エジプト人の家では長子が殺されましたが、イスラエルの家ではほふった小羊の血を鴨居《かもい》と入り口の二本の柱に塗ったために、その家の長子は滅びを免れ、滅びはその家を過ぎ越して行ったのです。そこでその小羊は過越の小羊と呼ばれます。

このエジプトからの過越の救いは、人類の本当の救い、罪とそれゆえの死という最も過酷で絶望的な滅びの現実からの救いを型として予表する歴史上の出来事でした。これは救い主メシヤによって実現するもので、その過越の小羊こそ、まことの犠牲となりたもうメシヤを示していたのです。

ルカは、「過越の小羊をほふるべき」祭りの日が来たと言うとき、メシヤであるイエスがほふられる時、歴史における最も決定的で重要な出来事の起こる時が来ていることを伝えているのです。

預言者的配剤

十二弟子の一人イスカリオテのユダは、ルカによると、サタンが彼のうちに入り、ねたみと反逆からイエス殺害を画策していた宗教指導者たちにイエスを売ろうという恐ろしい思いを抱くようになりました。イエスを預言者と信じて彼のもとに集まっている人たちがいるところでは彼を捕えることはできません。ユダは、人々がイエスを離れたときと場所を知らせようと協力を申し出、銀貨三〇枚を受け取ったのです。

イエスは、過越の祭りのための食事をする部屋を用意するようにふたりの弟子に指示されます。町で出会う水瓶を持った男について行って、案内された二階座敷で準備をするようにという指示で、その場所を誰も知ることがないようにと画されたイエスの預言者的配剤でした。ユダはその場所を指導者たちに知らせようにも知らせることができませんでした。こうしてこの重要な最後の晩餐は、イエスを捕えようとする者に知られることなく、イエスの指示に従った弟子たちによって用意されたのです。

過越の食事

時間になったので、イエスは食卓につかれ、使徒たちも共に席についた。イエスは彼らに言われた、「わたしは苦しみを受ける前に、あなたがたとこの過越の食事をしようと、切に望んでいた。あなたがたに言って置くが、神の国で過越が成就する時までは、わたしは二度と、この過越の食事をすることはない」。そして杯を取り、感謝して言われた、「これを取って、互に分けて飲め。あなたがたに言って置くが、今からのち神の国が来るまでは、わたしはぶどうの実から造ったものを、いっさい飲まない」（ルカ二二の一四〜一八）

食事の時が来て皆が席に着くと、初めにイエスは、これまでも触れてこられた「苦しみを受ける時」が来たことを語られます。弟子たちはきっと不安の面持ちで戸惑いながら聞いていたことでしょう。

イエスはこの最後の晩餐を感謝し、本当の過越に弟子たちの目を向けさせます。罪のためにこの世で滅びることになっていた人類が滅びを免れ、永遠のいのちの国に過ぎ越すとき、神の国で大宴会があります。イエスはそこで、これから一切ぶどうの実をしぼったものを飲むことはしないと語られます。その意味は、必ずその時は来ますというイエスの保証のことばであったと思われます。

しきたりに従って、祈り、杯が回されます。感謝と賛美などを交えながら、過越の食事が進められていきます。

聖餐式

またパンを取り、感謝してこれをさき、弟子たちに与えて言われた、「これは、あなたがたのために与えるわたしのからだである。わたしを記念するため、このように行いなさい」。食事ののち、杯も同じ様にして言われた、「この杯は、あなたがたのために流すわたしの血で立てられる新しい契約である。しかし、そこに、わたしを裏切る者が、わたしと一緒に食卓に手を置いている。人の子は定められたとおりに、去って行く。しかしその人の子を裏切るその人は、わざわいである」（ルカ二二の一九〜二二）

食事が終わるころ、イエスは、この「最後の晩餐」において、これから別れていく弟子たちに、そしてキリスト教会に遺すべく、救いにとって最も重要な意味を持つ儀式を制定されます。この過越の食事が指し示していたメシヤの犠牲がすぐ翌日に捧げられようとしていました。この儀式は、これまでの過越の祭りに代わるもので、救いを本体的に表す新しい儀式でした。ほふられる小羊の本体であるキリストが今や十字架においてほふられるのです。

イエスはパンを取り、感謝の祈りを述べてそれを裂き、取って食べるようにと弟子たちに与えて言われます。「これは、あなたがたのために与えるわたしのからだである。わたしを記念するため、このように行いなさい」。その後、杯も同様にして、回して飲むように言われます。「この杯は、あなたがたのために流すわたしの血で立てられる新しい契約である」。このように、祭りで用いられた種入れぬパンを、十字架上で裂かれるご自分の身体の象徴とし、ぶどうの汁液を、その手足や脇腹から流れる血潮を象徴するものとされたのです。

聖書の中では、イスラエルを過越によってエジプトの奴隷から救い出し、自由の国家とされたことは神からの契約とされ、動物の血によって批准されました。イエスは今、罪と死に隷属していた人類を、まことの過越の犠牲となり、永遠の神の国に救い出されます。その救いの約束を、ご自分の血で批准される新しい契約と呼んでおられます。

これが、ヨハネが記録しているその準備としての洗足式と共に、キリスト教会がそれ以来、今日まで受け継いできた「聖餐式」という儀式です。それは、この儀式自体によって救いを得るという密儀的なものではなく、それを通して、人の救いがその唯一の根拠としている身代わりのキリストを覚え、救いを確認するための儀式です。それを自分のものとして受け入れることを「信仰」と呼んでいます。ここに「信仰によって救われる」というキリスト教の救いのメッセージがあります。信じる人の罪はすべてゆるされ、やがて復活を通して、死の現実から解放されることになるのです。

ユダ

聖餐式を制定されて弟子たちにそのパンと杯を与えられたとき、イエスを裏切ることになるイスカリオテのユダもそれを受けたに違いありません。すべてを知っておられたイエスは、「ユダ、あなたの悪い思いを捨て、裏切りを思い留まりなさい」と訴えながら、彼にもご自身を差し出しておられたのだろうと思います。イエスは、「わたしを裏切る者が、わたしと一緒に食卓に手を置いている」と言って、ユダとは直接に名指しせず、やさしい配慮をもって彼のこころに語り、ご自分がすべてを知っておられることを示してその計画の断念を訴えられました。しかし、ユダはついに、イエスの一心な訴えを受け取りませんでした。彼をも深く愛されたイエスの悲しいおこころが忍ばれます。

ユダは、揺れ動いたであろう裏切りの意志を固め、夜の外に出てユダヤ当局のもとに急いだと思われます。その災いを生む計画を実行するためです。

34　苦しみもだえた祈り

ヨハン・セバスティアン・バッハ

一八世紀の音楽の父と言われるY・S・バッハは、人間存在の罪を内面において深く嘆く有名なコラール前奏曲を書いています。これは、ゼーバルト・ハイデンの歌詞によるもので、マタイ受難曲第一部最後のコラールとしても使われています。

人よ、汝の大いなる罪を泣け
そがためキリストは父のふところを捨てて
地に下り給いしなり
潔くやさしき処女《おとめ》によりて
われらのために世に生まれたまいぬ
仲保者《なかだち》たらんとのぞみ給えば
死にたる者らに生命を与え

すべての病を除き給いぬ
ついに時は迫り来りて
われらのために犠牲《いけにえ》となりたまわん
われらの罪の重荷を負い
永く十字架につけられ給わん㉝

イエスは今日、最後の晩餐と呼ばれている「過越の食事」を弟子たちと共にとったあと、エルサレムの東門を出て坂を下り、ケデロンの谷を渡り、向こう側のオリブ山の麓《ふもと》に向かわれます。時はユダヤ社会で重要な宗教的大祭である「過越の祭り」の時で、オリブ山の西側斜面は各地からエルサレムに集まったユダヤ人たちが都の外でも夜を過ごすことがゆるされているところでしたから、その天幕があちこちに張られていました。おりしも満月であったと考えられるその夜は、イエスの一行にはそれらの天幕はよく見えたと思われます。そうした光景を見やりながらイエスとその一行はあるところに進んで行きます。

ゲツセマネの園

イエスは出て、いつものようにオリブ山に行かれると、弟子たちも従って行った。いつもの場所に着いてから、彼らに言われた、「誘惑に陥らないように祈りなさい」
（ルカ二二の三九、四〇）

イエスとその一行は、およそ一キロ半ほど歩いたところにあるオリーブの繁った一つの園に入って行きます。その園は、ルカはその名を記していませんが、ほかの福音書によると、「ゲツセマネ」と呼ばれていました。ゲツセマネはアラム語で、「ガット・シュマニーム／ヘブライ語」に由来し、「油しぼり」という意味だそうで、そこには、今でもイエス時代のものと言われるオリーブの老樹が八本保存されているそうです。

イエスは、ここに、いつものように祈るために来られました。ここで祈られたあと、イエスは、ユダヤ当局に捕らえられることになります。イエスは何が起こるかすべて知っておられました。イエスを裏切ることになるイスカリオテのユダが最後の晩餐の席から出て行ったとき、彼が、どこに行ったらイエスをこっそり捕らえることができるか、ユダヤ当局に知らせることを知っておられました。イエスはそれを避けるためにほかの場所に行くことはなさらず、この「いつもの場所」で祈り、捕らえられるのを待たれたのです。この出来事一切を支配しているのは、ユダでも、当局でもなく、イエスご自身でした。

イエスはこれから弟子たちも通ろうとしている試練の時に、弟子たちが誘惑に負けることがないように祈りなさいと言われます。イエスは先に、弟子たちがイエスを捨てて逃げるだろうと言われたのですが、これが彼らに襲いかかる誘惑でした。このような最も大きな危機の時に、そこを通らせてくれる唯一の防備は「祈る」ことであるのを、イエスは知っておられました。

苦しみもだえて祈り

そしてご自分は、石を投げてとどくほど離れたところへ退き、ひざまずいて、祈って言われた、「父よ、みこころならば、どうぞ、この杯をわたしから取りのけてください。しかし、わたしの思いではなく、みこころが成るようにしてください」。そのとき、御使が天からあらわれてイエスを力づけた。イエスは苦しみもだえて、ますます切に祈られた。そして、その汗が血のしたたりのように地に落ちた。

（ルカ二二の四一～四四）

ルカは、イエスの生涯の重要な地点で、バプテスマ、使徒の選び、変貌の山などにおいて、いつも「祈るイエス」を描いています。そしてこの最後の危機の場面でルカが描くのは、「苦しみもだえて……血のしたたりのように」汗を流して祈られるイエス、人間の計り得ない底知れぬ苦悩の中で祈られるイエスです。

ゲツセマネに入られるとき、すでにイエスは弟子たちの誰も知り得ない重苦しい感情に襲われていました。マタイによると、イエスは「悲しみを催しまた悩みはじめられ」て、「わたしは悲しみのあまり死ぬほどである」（マタイ二六の三八）と言っておられます。イエスのその不思議な苦しみの大きさを共にいた弟子たちは察することができません。その苦しみはとうてい人間の知ることができないものです。それは彼一人で負わなければならない重い魂の苦悩でした。

イエスは弟子たちのいるところから「石を投げてとどくほど」奥まったところに退かれて、当時の習慣とは異なり、ひざまずいて祈られます。全くの孤独の場所でした。それはイエスに負わされるもののことばを絶する重さのゆえに、その身体もこころも耐えることができなかったからです。さらにほかの福音書によると、彼は「うつぶしになり」（マタイ二六の三九）、「地にひれ伏し」（マルコ一四の三五）ておられます。

贖いの深みに

イエスは、今、その生涯のうちで最も深く神秘的な人間の知り得ない特別な「時」にお入りになられます。人間を救う「贖い」のみわざの神秘の底知れぬ深みに入られるのです。過越の祭りでの特別な小羊の型であったイエスは、まことの犠牲として翌日にはほふられようとしていました。イエスは、全人類の罪を、人間一人ひとりの世の始めより終わりまでのあらゆる罪を負うために来られました。このゲツセマネの園において、その罪がイエスに実際に負わされたのです。イエスはこうして最大の罪人そのものになられていくのです。

「彼はわれわれのとがのために傷つけられ、われわれの不義のために砕かれたのだ。……彼を砕くことは主のみ旨であり、主は彼を悩まされた」（イザヤ五三の五、一〇）と預言のことばにあったそのメシヤの受難の「時」が、今や、ここに来ており、その身代わりの恐るべき現実にイエスの人間性は激しく大きく動揺して、絶望と恐怖におののかれます。

バッハのマタイ受難曲第一六曲は、切々と歌います。

ああ、何という苦しみ！
苦しむ心がうち震える
悲しみに沈み、何と青ざめた御顔なのだろう！
このすべての苦しみの原因は何なのでしょう？
裁きの主が、彼を裁きの場へと引き出したのだ
そこは慰めもなく、助けの手もない
ああ！私の罪こそがあなたを打ち据えたのです
彼は地獄の苦しみをすべて受け
かれは身に覚えのない
他人の盗みの償いをされるのだ
私が、ああ主イエスよ、この罪を犯したのです
あなたが耐えておられる罪を㉞

みこころが成るように

イエスは「父よ、みこころならば、どうぞ、この杯をわたしから取りのけてください」と祈られます。「杯」とは、旧約の預言者が神の憤りと審判の意味に用いたもので、この場合、人類の罪に対する神の怒りのことです。このなみなみと注がれた審判の怒りの杯が、人類の身代わりとなられた受難者イエスに、それを飲み干すべく神から差し出されているのです。

聖なる神の罪に対する怒りをイエスはその魂にそのまま受けられます。その怒りの激しさはイエスのみが知るところです。彼は、裁かれて滅びの穴に引き落とされ、永遠に生の世界に戻ることはありません。彼は、死のかなたに生を見通すことはできず、永遠に神のもとから締め出されると感じられます。この圧倒的な恐怖の前に、イエスの人間性はしり込み、「みこころならば」取り去ってくださいと言われます。

しかし、み子であるイエスは、それがみこころでないことをよくよく知っておられました。彼は、あらゆる決断の底に常にある変わらぬ従順を貫こうとされます。人間となったイエスは、この底知れぬ深みの中にあって、揺れながら、失われた人類のためにその杯を飲もうと決心されます。「しかし、わたしの思いではなく、みこころが成るようにしてください」と祈られるのです。ここに、贖いのみわざが神において成されるための、ゲツセマネの祈りの極点があります。

イエスが神のみこころにご自分をゆだねられると、「御使が天からあらわれてイエスを力づけた」とルカは書いています。その苦悩を取り去るのではなく、この受難の道を最後まで歩みゆけるように力づけたのです。イエスは、この夜のうちに捕らえられて裁かれ、夜が明けて死刑判決を受け、鞭打たれて十字架に釘づけられ、「すべてが成し遂げられた」と息を引き取られるまで、その苦しみの道を歩み通していかれます。

35　十字架

レンブラント

一七世紀オランダの代表的な画家レンブラントは深い自己省察をもって人間の内面を表現した人です。その作品の「キリスト昇架」は、十字架に架けられるキリストを明暗対比のはっきりした光のスポットの中に劇的に描いています。十字架を立てる男たちの中にベレー帽の男が光の中にこちらを向いています。レンブラント自身の顔です。彼は、人類の罪を負うキリストの昇架を描くときに、イエスを十字架にかけた者は、他ならぬ自分であることを作品の中で告白しているのです。

イエスは、オリブ山麓のゲツセマネの園で、負わされる人類の罪の極限の重さを実感しながら、血の汗を流して祈られました。その夜が更けるころ、裏切り者ユダの案内で来た祭司長たちとその武装一団に逮捕されます。祭司長の館に連行されて夜中の不法な審問を受け、侮辱と暴行を加えられたイエスは、自らを神の子とする冒瀆罪で死に値するとされ、夜明けに、死刑の権限を持つローマ総督ピラトに、メシヤの国家反逆罪で告発されました。

十字架刑宣告

ところが、彼らは大声をあげて詰め寄り、イエスを十字架につけるように要求した。そして、その声が勝った。ピラトはついに彼らの願いどおりにすることに決定した。そして、……イエスの方は彼らに引き渡して、その意のままにまかせた。

（ルカ二三の二三〜二五）

ピラトはすべてが彼らのねたみから出たことを知ります。どうかしてイエスを解放しようと何度も試みました。しかし、ユダヤの指導者にそそのかされた群衆は「十字架につけよ」と叫び、イエスの死刑を要求します。意志の弱かったピラトはついに、彼らの声に負け、十字架刑を宣告するのです。

十字架刑はローマ人がフェニキヤから取り入れた処刑方法で、T字、X字、あるいは、イエスの場合のような十字の形がありました。その太い柱と横木に手首と足首を釘で固定されて、長い時間、激痛と渇きに苦しみ、最後は身体を支えられなくなり窒息して絶命するという、あらゆる死刑の中で最も残酷な刑の方法だったと言われます。

「父よ、彼らをおゆるしください」

さて、イエスと共に刑を受けるために、ほかにふたりの犯罪人も引かれていった。されこうべと呼ばれている所に着くと、人々はそこでイエスを十字架につけ、犯罪人たちも、ひとりは右に、ひとりは左に、十字架につけた。そのとき、イエスは言われた、「父よ、彼らをおゆるしください。彼らは何をしているのか、わからずにいるのです」

人々はイエスの着物をくじ引きで分け合った。民衆は立って見ていた。役人たちもあざ笑って言った、「彼は他人を救った。もし彼が神のキリスト、選ばれた者であるなら、自分自身を救うがよい」。兵卒どももイエスをののしり、近寄ってきて酢いぶどう酒をさし出して言った、「あなたがユダヤ人の王なら、自分を救いなさい」。イエスの上には、「これはユダヤ人の王」と書いた札がかけてあった。

（ルカ二三の三二〜三八）

エルサレムの西北の城外にあった「されこうべ」（アラム語でゴルゴタ）と呼ばれる処刑場にイエスは連れてこられます。到着すると、十字架の上に寝かされ、柔らかい手首と足首に無骨な釘が打ち込まれます。地面の穴にその柱が落とし込まれ、十字架が立てられます。この激痛を平静に耐えられるイエスの震える口から、誰も信じられない祈りの声が出されました。「父よ、彼らをおゆるしください。彼らは何をしているのか、わからずにいるのです」

この耐え難い痛みの中にあって、自分を十字架につける兵士たちのために、イエスのおこころから溢れてきた驚くべきゆるしの精神の現れです。しかし、この祈りは、もっと広く深い意味を持っていました。イエスがゆるしを祈られるのは、兵士のためだけでなく、全世界、全歴史のすべての人のためであり、私たち一人ひとりのためでした。私たちがイエスを十字架につけました。その私たちのゆるしをイエスは祈られているのです。イエスはすべての人のゆるしの根拠としてご自分を捧げようとしておられました。

イエスを十字架につけた兵士たちはその祈りを聞いています。しかし、その祈りが自分たちのゆるしのためにこそ捧げられていたのに、彼らの口からはお前が「神のキリスト」なら自分を救えと、イエスをあざける声が出されていました。その役人たちにとって、自分を救えない者は救い主ではあり得ませんでした。
しかしイエスは自分を救うために十字架から降りようとはされません。それは救う力がないからではなく、もしそうしたら、救い主になることができなかったからです。彼はこのあざける人たちを救うために、そしてまた、私たち一人ひとりを救うために、自分自身を救うことをなさいませんでした。

「わたしと一緒にパラダイスに」

十字架にかけられた犯罪人のひとりが、「あなたはキリストではないか。それなら、自分を救い、またわれわれも救ってみよ」と、イエスに悪口を言いつづけた。もうひとりは、それをたしなめて言った、「おまえは同じ刑を受けていながら、神を恐れないのか。お互は自分のやった事のむくいを受けているのだから、こうなったのは当然だ。しかし、このかたは何も悪いことをしたのではない」。そして言った、「イエスよ、あなたが御国の権威をもっておいでになる時には、わたしを思い出してください」。イエスは言われた、「よく言っておくが、あなたはきょう、わたしと一緒にパラダイスにいるであろう」

（ルカ二三の三九〜四三）

イエスと共に、ふたりの犯罪人が十字架につけられていました。ルカは、このうちの一人の犯罪人に特別の光を当てています。彼は、十字架の下の人々と一緒にイエスをののしるほかの一人と違って、イエスの中にあるもっと深いものに気づき始めていました。彼はこれまでにイエスの話を聞いたことがあり、一時はこころを動かされたことがあったと思われます。

この犯罪人は、苦しみながらも隣の受刑者を見つめ、その声を聞いていました。おそらく、法廷からも一緒だった彼は、浴びせられる侮辱と暴力の中で平静に穏やかにそれを受けているイエスの姿に、人間を超えた義しさと清らかさを見たことでしょう。そして今、十字架にかけられながら「彼らをゆるしてください」と祈られたことばを聞いたのです。

犯した重罪のために極刑を受け、今まさに永遠の滅びの門口にあって恐れおののく彼のこころは、こうして血を流し苦しみながらゆるしを祈られる隣の受刑者に、不思議な安らぎと慰め、望みを感じます。彼は、十字架の上にあっても人間以上の権威を感じさせるその血まみれの方に、贖罪者としての受難者の姿を見るのです。

こうして、彼は、十字架の受難のイエスこそまことのメシヤであり、み国の権威をもって、死を超えても、おいでになる方だと確信します。この瀕死のイエスに、まことに驚くべきその信仰を告白する祈りの呼びかけがなされます。「イエスよ、あなたが御国の権威をもっておいでになる時には、わたしを思い出してください」イエスは、彼に救いの保証のことばを語られます。「きょう、こうしていのちを捨てようとするとき、私はあなたに保証します。あなたは私と一緒にパラダイスにいるのです」。パラダイスとは「囲まれた庭園」というペルシャ起源のことばですが、「回復されたエデン」、救いの国を表します。

「わたしの霊をみ手にゆだねます」

時はもう昼の十二時ごろであったが、太陽は光を失い、全地は暗くなって、三時に及んだ。そして聖所の幕がまん中から裂けた。そのとき、イエスは声高く叫んで言われた、「父よ、わたしの霊をみ手にゆだねます」。こう言ってついに息を引きとられた。百卒長はこの有様を見て、神をあがめ、「ほんとうに、この人は正しい人であった」と言った。この光景を見に集まってきた群衆も、これらの出来事を見て、みな胸を打ちながら帰って行った。すべてイエスを知っていた者や、ガリラヤから従ってきた女たちも、遠い所に立って、これらのことを見ていた。

（ルカ二三の四四～四九）

ルカは、昼の一二時ごろに恐るべき暗黒があたりを覆い始め、三時にまで及んだと記録しています。人々は恐れ、裁きを思わせる超自然の出来事に震えおののきました。自然自体が受難者の痛ましい姿をあざける者から隠したような、また、み子を裁かれる父なる神の悲しみを表すような真っ暗な時間でした。またそれは人類の身代わりに永遠の滅びを経験されるみ子のこころの苦悶を象徴する暗黒でもあったことでしょう。

三時ごろに暗闇が晴れました。イエスはその苦しみを最後まで呑み尽くし、時が来たことを知られます。イエスは「父よ、わたしの霊をみ手にゆだねます」と言って息を引き取られました。

こうして、人の世界に罪が入り、エデンのパラダイスを失って以来、連綿として型に示され続けられてきた救いの計画は、救いのために捧げられるべき本当の犠牲、「救い主」のいのちが十字架に捧げられて、その完成を迎えたのです。

また、こうして、人は救われて復活を待つ身となり、ルカによるこのイエスの最後のことばは、キリストを信じる者が生涯を終えて休むとき、安んじて口にすることのできる祈りとなったのです。

36　復活の朝

「ハレルヤ」

全人類の「救い主」（メシヤ）の物語である「ルカによる福音書」の最終章で取り上げたいのは、もう一度、ヘンデルの「メサイア」から有名な「ハレルヤ」です。これは、第二部の中央部で受難のキリストが切々と歌われたあと、「しかしあなたは彼の魂を黄泉（墓）に渡すことなく」と曲調が変わってイエスの「復活」のテーマになり、その最終曲に歌われる荘厳な大合唱曲です。復活のキリストの永遠の統治を賛美するもので、ロンドン初演のとき、国王ジョージ二世は感動の余り立ち上がり、観客も総立ちになったといいます。「メサイヤ」第三部は、イエスの復活にあずかる人間の復活を、最大の喜びの調べで歌い上げます。

ハレルヤ、全地の王なる神は統べたまえり
この世の国はわれらの主と主のキリストの国となれり

彼は世々限りなくこれを治めたまわん
王の王、主の主、ハレルヤ㉟

証言に基づいて

ルカは、その福音書の冒頭に、キリストの出来事を「最初から親しく見た人々」で「御言に仕えた人々」が伝えたとおり、この物語を書き綴ったと述べています。「目撃者の証言」に基づき、詳しく調べて書いたのです。本来、出来事に基づくキリスト教の成り立ちのベースにあるのはこうした「証言」です。ルカがその最終章で、「イエスの復活」という最も信じ難い、しかし最も喜ばしい出来事を語るのは、文字どおり、その目撃者たちの証言に基づくものです。

この復活のイエスとの出会いは、イエスの死により失意のどん底にある弟子たちの暗いこころを、この上ない喜びと希望の世界に引き上げました。そして、やがて続く迫害の時代には、死をも超える力を与えました。また、その証言は、殉教者にとってはまさに血をかけたものであり、神の前に罪になる虚言など考えられませんでした。

こうして、信じることは最も困難である「復活」は、否定することは全く不可能な信仰の事実として承認されてくるのです。

空の墓

週の初めの日、夜明け前に、女たちは用意しておいた香料を携えて、墓に行った。ところが、石が墓からころがしてあるので、中にはいってみると、主イエスのからだが見当らなかった。そのため途方にくれていると、見よ、輝いた衣を着たふたりの者が、彼らに現れた。……言った、「あなたがたは、なぜ生きた方を死人の中にたずねているのか。そのかたは、ここにはおられない。よみがえられたのだ。まだガリラヤにおられたとき、あなたがたにお話しになったことを思い出しなさい。すなわち、人の子は必ず罪人らの手に渡され、十字架につけられ、そして三日目によみがえる、と仰せられたではないか」

そこで女たちはその言葉を思い出し、墓から帰って、これらいっさいのことを、十一弟子や、その他みんなの人に報告した。……〔ペテロは立って墓へ走って行き、かがんで中を見ると、亜麻布だけがそこにあったので、事の次第を不思議に思いなが

ら帰って行った」。（ルカ二四の一～一二）

復活に関わる証言はイエスの葬りから三日目、日曜日の早朝、女性たちによって最初にもたらされます。彼女たちは、「特別な埋葬のための匂い草と香料を携えて」㊱墓に行くと、入り口の塞ぎ石は転がされ、墓室の中にはイエスの亡骸《なきがら》はなく、その墓は空だったのです。報告を聞いた弟子たちは信じられず、ペテロが走って行って確かめると、やはり、中には身体に巻いた布が置いてあるだけでした。

ほかの福音書が記すような厳重な番兵の見張りと入り口の封印は、何人の手による亡骸の移送をもゆるしません。当局が持ち出したのであれば復活の反証にできたはずです。密閉の封印が人手によらず破られ、確実にそこに納められた亡骸が、布だけきちんと残して、消えているのです。

空の墓は、この地上にイエスの亡骸はないということを意味しています。歴史のどこにもイエスの墓なるものは存在しません。み使いが言うように、イエスはすでに死人の中に捜すことのできない「生きた方」であり、自ら予告されたように「よみがえられた」方です。空の墓は、そこに復活のいのちを語るほかに説明のつかない証言でした。

このイエスの復活の証言をもたらした女性は、イエスから七つの悪霊を追い出してもらったマグダラのマリヤ、ヨハンナ、およびヤコブの母マリヤという女性たちでした。それに彼女たちと一緒にほかの女性たちもいました。このように複数の目撃者の証言は、ここに生起する出来事の信憑性《しんぴょう》をさらに強く物語るものです。

エマオへの途上にて

この日、ふたりの弟子が、エルサレムから七マイルばかり離れたエマオという村へ行きながら、……語り合い論じ合っていると、イエスご自身が近づいてきて、彼らと一緒に歩いて行かれた。（ルカ二四の一三～一五）

ここでルカが特に取り上げるのは、このふたりの弟子の証言です。都での悲しい出来事に落胆しながら自分の村に帰る途中、道連れになった人が、憂いに閉ざされた彼らの目にはわかりませんでしたが、復活のイエスであったのです。何の話かと問われるままに、その一人のクレオパが答えました。「わたしたちはナザレのイエスをメシヤだと信じていましたが、祭司長たちは彼を十字架につけて殺したのです。ところが仲間の数人の女が今朝早く墓に行くとイエスのお身体はなく、み使いが現れて、イエスは生きておられると告げたというのです」

この日の朝、女性たちから聞いた空の墓の報告は、弟子たちには信じられないことでした。彼らはいぶかりながらも、悲しんで帰途についていたのです。

聖書に基づいて

イエスが言われた、「ああ、愚かで心のにぶいため、預言者たちが説いたすべての事を信じられない者たちよ。キリストは必ず、これらの苦難を受けて、その栄光に入るはずではなかったのか」。こう言って、モーセやすべての預言者からはじめて、聖書全体にわたり、ご自身についてしるしてある事どもを、説きあかされた。

（ルカ二四の二五〜二七）

復活のイエスは、共に歩きながら聖書の説きあかしをされます。聖書がその中心において語る「救い主」キリスト（ヘブライ語でメシヤ）は「苦難を受けて、その栄光に入る」ことになっていると、聖書に基づいて諄々《じゅんじゅん》と説明されます。十字架と復活、これこそ、救いの奥義、救い主の奥義でした。イエスは弟子たちの信仰を人の理性や感情、あるいは体験そのものにでもなく、「神のことば」に基づかせています。

弟子たちは、こころに燃えるものを感じます。イエスの十字架は聖書に語られていたのだ。それも私たち一人ひとりのために。イエスは、確かにメシヤなのだ。そして、苦難を受けた方は復活されると書いてある。あの女性たちの報告は本当なのだ。

目的地に着いた弟子たちは、イエスを引き止めて泊まってもらいます。イエスが「一緒に食卓につかれたとき、パンを取り、祝福してさき、彼らに渡しておられるうちに、彼らの目が開けて、それがイエスであることが」（ルカ二四の三〇、三一）わかりました。そのパンを祝福して弟子たちに渡される仕草に目が開けたのです。その人はまぎれもなく、復活したイエスその方でした。

ふたりの弟子は喜びにあふれて、夢中で夜道をエルサレムに引き返すと、ペテロにもイエスが現れたと皆が言っていました。ふたりは、息せき切ってイエスとの出会いを報告します。そこにイエスが現れて彼らの中に立たれました。皆、霊を見ているのだと怖《お》じ恐れました。イエスは、その身体を手で触れさせて、身体を持つ存在であることを示されました。皆が喜びの余り、まだ信じられないでいると、食べる物を所望して皆の前で食べられたと書かれています。

委任と昇天

イエスは復活の後、四〇日の間、たびたび現れて、「自分の生きている」ことを「数々の確かな証拠」によって示されたと、ルカは「ルカによる福音書」の後編とされる「使徒行伝」という書に書いています。そしてイエスは、ご自分の受難と復活という出来事を見聞きし、経験し、救われた弟子たちに、その「証人」としてこの救いの出来事をすべての国民に伝えるようにとの宣教を委任し、オリブ山より昇天されたとルカは記しています。

ルカは、この福音書を閉じるにあたり、「彼らは〔イエスを拝し、〕非常な喜びをもってエルサレムに帰り、絶えず宮にいて、神をほめたたえていた」(ルカ二四の五二、五三)と書いていますが、福音書を始める時にも、「宮」(聖所)について言及し、イエスの先駆者ヨハネの誕生が、宮においてみ使いに告げられたと書いています(二一一〜二一二ページ参照)。この始めと終わりに同じような句節、あるいは思想を置いて書物を括るという文学的構成は、当時その書物の中心テーマを示すためによく用いられたものでした。この始めと終わりに言及された「宮」(聖所)は、そこにおいて犠牲の血による罪のゆるしが提供される贖罪を示す犠牲制度の中心施設でした。つまり、この構成は、この福音書の中心テーマは「贖罪」であり、「贖罪主」イエスであることを示しているのです。

「ルカによる福音書」は、全人類の贖罪による「救い主」イエスを物語っています。イエスは、罪のために失った永遠のいのちをもう一度私たちに与えるため、贖罪主として十字架に死に、救いのわざを完成されました。そして、三日目に、その救いのいのちの実現に至る保証として「復活」されたのです。それは、やがて来る永遠のいのちの国に入る私たちの復活の保証となります。救い主の空の墓は救われた者の墓を空にする保証でもあるのです。

聖書の救いは「罪と死」よりの救いです。「救い主」を信じる一人ひとりは「永遠のいのち」を約束され、私たちはみな、その世界に招かれているのです。(了)

あとがき

「ルカによる福音書」をサインズ誌に連載させていただいたのは、二〇一二年の一月号からのことでした。ちょうどその前年二〇一一年の三月に未曾有《みぞう》の東日本大震災を経験して、日本全国が深い悲しみにまだ沈み、そこからの脱出を必死で模索しているころだったと言えます。

それから五年を経てこの年二〇一六年五月、再び熊本をマグニチュード七級の大地震が襲いました。多くの方々が亡くなり、家屋の倒壊などおびただしく、人々は避難生活を強いられています。また、多くの被災された方々が被災経験の悲惨な記憶の中で大きな不安から抜け出すことに困難を覚えておられます。一日も早く被災地に安心の日常が戻るようにと願うものです。

こうした悲惨な自然災害にとどまらず、人間社会には人間の欲望や憎しみによる醜い争い、破格の破壊と損失をもたらす国家間の戦争などがあり、増大の一途を辿っているように見えます。こうした中で苦しみや悲しみはやむことがありません。さらに人間生活には解決の見えない貧困や孤独などの社会問題があり、多くの人々が治療の困難な難病や不治の病いに苦しんでいます。また、深刻化する不安、ストレスなどによる精神疾患、ひいては高齢に必然的に伴ういろいろな問題を経験しています。そして最後に人間の苦しみの最大のものとして誰もそれから逃げることはできない「死」という根本的な問題が厳然としてあります。

本書は、先の序言で触れたように「人間の救い」を取り上げ、それをテーマとするものです。そして、この救いは、上に述べたようなこの世の絶望の地平に避け難く横たわる苦しみ、悲しみの現実からの一般的、実際的な救済を願いつつ、しかし、それを超えて、そうしたすべての問題の根底に横たわる根本問題の「死」と、その根本原因であると聖書の言う「罪」からの救いです。それゆえ、この救いは「罪と死」という人間存在に最も根源的な苦しみからの救いということができます。

キリスト教の救いは、人間歴史の中心的な一点において生起したイエス・キリストとその十字架の出来事に基づいています。「ルカによる福音書」は、十字架における死と三日目の復活のうちに、人の罪をゆるし、死を克服されたイエス・キリストを物語るものです。ちなみに、マタイの福音書がイエスの系図をイスラエルの祖であるアブラハムから辿るのに対して、ルカはそれを逆に人類の祖アダムにまで遡らせ、イエスを「人類の救い主」と紹介しています。それゆえに、著者のこころからの願いは、端的に、読者のみなさんに、私たちの救い主イエス・キリストを見つめ、知っていただきたいということです。

サインズ誌に二年間連載して解説したものに、連載の中では紙面の関係で取り上げられなかった特にルカ的なものを加えて、こうして一冊の書としてまとめることができました。不十分ですが、本書で述べようと努めたことは、イエス・キリストと、彼にある救いの本質、そして、彼にある救いの歴史についてです。本書を通して、それに接していただくことができれば、まことにありがたく、これにすぐる喜びはありません。

なお最後になりますが、この小書の発行を企画していただいた福音社、そして、この原稿にも適切な助言や修正をいただいた副編集長の斎藤宣人氏にこころからの感謝を申し上げるものです。不十分で貧しい小書ですが、この発行に関わっていただいたすべての諸氏に深くお礼を申し上げ、豊かな神よりの労いを祈りつつ、感謝してペンを置かせていただきます。

二〇一六年八月

本郷武彦

脚注

①『楽園喪失』ジョン・ミルトン、藤井武訳、岩波書店
②『こんな美しい朝に』水野源三、いのちのことば社
③『図説聖書の世界1　イエスの歩いた道』ウォルフガング・E・パックス、三浦朱門・曾野綾子訳、学習研究社
④『佛教から基督へ：溢る恩寵の記』亀谷凌雲、福音館書店
⑤『ミルトン』E・M・W・ティリャード、御輿員三訳、研究社
⑥『罪人らの首長に恩寵溢る』ジョン・バンヤン、小野武雄訳、新教出版社
⑦『讃美歌21』五七番（『SDA讃美歌1999』六二番）、日本基督教団出版局
⑧『歎異抄』唯閣、角川文庫
⑨『人を知り人を生かす』工藤信夫、いのちのことば社
⑩二〇一二年九月一〇日「熊本ハレルヤ教会、ハレルヤ日記ブログ」
⑪『神を呼ぼう』八木重吉、新教出版社
⑫『神を呼ぼう』八木重吉、新教出版社
⑬『ルカによる福音書I』H・ミュルデル、登家勝也訳、教文館
⑭『聖歌』二二九番、日本福音連盟
⑮『社会福祉と聖書——福祉の心を生きる』石居正巳、熊沢義宣監修、江藤直純、市川一宏編集、リトン
⑯『神を呼ぼう』八木重吉、新教出版社

⑰『祈りの花束』ヴェロニカ・ズンデル編、中村妙子訳、新教出版社
⑱『こんな美しい朝に』水野源三、いのちのことば社
⑲『見慣れた景色が変わるとき』梅原猛、日本ペンクラブ
⑳『祈りの花束』ヴェロニカ・ズンデル編、中村妙子訳、新教出版社
㉑『西条八十全集5』西条八十、国書刊行会
㉒『キリスト教名句名言事典』小塩節、山形和美、濱崎史朗編訳、教文館
㉓『讃美歌』一三八番、日本基督教団出版局
㉔『み国をめざして――水野源三第四詩集』水野源三、アシュラムセンター
㉕『世界の名著14アウグスティヌス、告白』アウグスティヌス、山田晶編、中央公論社
㉖『シュヴァイツアーのことば』浅井真男編、白水社
㉗『熱河宣教の記録』飯沼二郎編、未来社
㉘『讃美歌』五一八番、日本基督教団出版局
㉙『マザー・テレサ　愛の贈り物』五十嵐薫、PHP研究所
㉚『カール・バルト著作集10　教義学要綱』カール・バルト、井上良雄訳、新教出版社
㉛ウィキペディア百科事典「ロバート・エドワード・リー」
㉜『メサイヤ第2部21番合唱』ヘンデル、佐藤章訳、フィリップス
㉝『オルガン小曲集』24曲（BWV622）、バッハ、岳藤豪希訳
㉞『マタイ受難曲』バッハ、メンデルスゾーン編第16曲、青木洋也訳
㉟『メサイヤ第2部39曲合唱』ヘンデル、佐藤章訳
㊱『ルカによる福音書Ⅱ』H・ミュルデル、登家勝也訳、教文館

本郷 武彦（ほんごう　たけひこ）
1942年長崎県佐世保市に生まれる。京都大学文学部哲学科、日本三育学院神学科各卒。米国アンドリュース神学院宗教学修士課程修了。日本や米国の教会牧師、病院付き牧師（東京衛生病院）を経て、2010年に引退。著書に『「ヨハネによる福音書」より学ぶ』（福音社）がある。

失われたものを尋ね出して救うために
――ルカによる福音書より学ぶ

2016年10月10日　初版発行

［著者］　本郷武彦
［発行者］　島田真澄
［発行所］　福音社
〒190-0011　東京都立川市高松町3-21-4-202
Tel 042-526-7342　Fax 042-526-6065
印刷所　㈱平河工業社

聖書からの引用は、口語訳聖書を使用しています。
　ISBN978-4-89222-481-2